看到世界的光

梦想四人行　著

四川大学出版社

项目策划：段悟吾　李施余　王　军
责任编辑：王小碧
责任校对：李施余
封面设计：四川悟阅文化传播有限公司
责任印制：王　炜

图书在版编目（CIP）数据

看到世界的光 / 梦想四人行著． — 成都：四川大
学出版社，2019.1
　ISBN 978-7-5690-2744-0

　Ⅰ．①看… Ⅱ．①梦… Ⅲ．①作文－小学－选集
Ⅳ．①H194.4

中国版本图书馆CIP数据核字（2019）第018340号

书名　看到世界的光

著　　者	梦想四人行
出　　版	四川大学出版社
地　　址	成都市一环路南一段24号（610065）
发　　行	四川大学出版社
书　　号	ISBN 978-7-5690-2744-0
印前制作	四川悟阅文化传播有限公司
印　　刷	成都市兴雅致印务有限责任公司
成品尺寸	145mm×210mm
印　　张	6
字　　数	151千字
版　　次	2020年1月第1版
印　　次	2020年1月第1次印刷
定　　价	39.80元

◈ 读者邮购本书，请与本社发行科联系。
　电话：(028)85408408/(028)85401670/
　(028)86408023　邮政编码：610065
◈ 本社图书如有印装质量问题，请寄回出版社调换。
◈ 网址：http://press.scu.edu.cn

四川大学出版社
微信公众号

梦想
四人行

金奕菡

丁婧媛

丁晓恺

李泓颐

丁晓恺

就读学校：浙江省绍兴市北海小学六（8）班。

阅读是我最大的爱好。它带我遨游文学的世界，家中藏书三千余册，是我最大的财富。世上没有白读的书。我曾获得越城区小学生"语文报杯"阅读竞赛第一名。

我还喜欢写作，是浙江省作家协会少年文学分会的会员，我享受把思绪化成小方块的过程。小学以来，我已在报刊上发表了15余篇习作，多次在省、市各类征文中获奖。写作，成就了更精彩的自己，期待今日的努力，来日可结出沉甸甸的果！

就读学校：浙江省绍兴市鲁迅小学人民路校区六（2）班。

我曾先后获得中国少年作家班主题征文大赛二等奖，浙江省第九届小学生课内作文大赛一等奖，第十二届全国青少年冰心文学大赛铜奖。

杜甫说："笔落惊风雨，诗成泣鬼神。"虽然我知道他说得有些夸张，可当我领略过《诗经》的微风细雨，经历过唐风宋雨，在书中穿越上下五千年后，我发现，原来文字真的有如此魔力！

"千里之行，始于足下"，我坚信，只要我紧紧握住手中的笔，终有一天能够在笔下生出一片花田。

金奕菡

就读学校：浙江省绍兴市北海小学六（3）班。

我喜爱写作，想把自己感受到的真善美流诸笔端。我也颇爱音乐，因为音乐会让耳朵倾听到世界的纯洁清净。

我是一个阳光、正直的少年，对一切都满怀好奇，包括正在阅读本书的你。作为一个正处于探知世界阶段的少年，爱阅读、勤写作的我隐现在字里行间，等待你翻阅。希望随着成长，我能再接再厉，勤奋地奔跑在写作之路上。

[李泓颐]

丁婧媛

　　就读学校：浙江省绍兴市鲁迅小学和畅堂校区六(6)班。

　　我是优秀学员，多次荣获学校"书香少年""五星级学生"等奖项，多次在省级征文比赛中获奖。此外，我兴趣广泛，获得了"希望之星绍兴市亚军""绍兴合唱团比赛一等奖"等荣誉。我是一个热爱生活的外向女生，最爱的是阅读。阅读为我打开了无数扇窗户，让我看见不一样的世界。阅读也让我学会静静地思考，奇思妙想逐渐增多，于是，我试着用写作来表达。

　　合集能正式出版，给了我莫大的鼓舞，也是给我小学生活一份美好的礼物。我希望自己能一直以书为伴，勤思勤练，书写更精彩的未来。

目录

晓恺篇

四年级作文

五年级作文

奕菡篇

四年级作文

泓颐篇

....

四年级作文

五年级作文

婧媛篇

四年级作文

晓恺

KAN DAO SHI JIE DE GUANG

篇

四年级作文

美丽的柯岩

我的家乡在绍兴，这里有许多名胜古迹，其中最让人流连忘返的要数柯岩风景区了。

一进大门，首先看到的是直入云霄的"云骨"。它十分奇特，像一个冰激凌，又像一朵蘑菇，更像一缕袅袅升起的炊烟。我甚至觉得只要我轻轻一推，它便会倒塌。可事实上，它已经屹立千年！"云骨"顶端有一条裂缝，里面竟然长出了一棵古松，这使"云骨"看上去更显苍劲雄伟，真让人惊叹不已！

"云骨"旁边有一个池塘，池塘的水清澈见底，里面有快活的小鱼嬉戏，时不时浮出水面，争先恐后地来抢游客们扔下的食物，然后又游回水底，水面被激起阵阵涟漪！

绕过池塘，便来到了"天工大佛"。"大佛"安坐在一个石洞里，两腿盘拢，底座是一朵莲花。这尊大佛非常大，足足有18米高，我必须仰起头才能看到大佛的脸；大佛的耳朵大到能容下一个人，自然便成了鸟儿们的乐园。这尊大佛是古代的能工巧匠们在一块大石头上精雕细刻凿成的，让人不得不叹服！

柯岩的每一处景物，都那么美丽，那么令人陶醉，如果你有机会到绍兴来，我一定会带你游览柯岩风景区！

嘉兴游

傍晚，妈妈一副焦急的样子，从二楼拿出一个大大的行李箱，把衣服、洗漱用品等分类放入其中。待全部整理完毕，她已经满头大汗了。我疑惑地问妈妈："星期日也要出差吗？"妈妈的回答让我难以置信："明天带你去嘉兴玩一天。"

那一晚，我辗转反侧，难以入眠。嘉兴有什么好玩的呢？说

不定我还可以带一些纪念品回来呢！我的眼睛不时瞥一下钟表，希望时间可以过得再快一些……

急急忙忙地吃了早饭，我们早早赶到风光大酒店等待大巴车的到来。

8点整，全体人员准时上了车。听导游说，去嘉兴的车程大约是一个半小时，需要我们耐心等待。虽然有些难熬，但是望着窗外飞驰而过的一排排树木和一簇簇小花，我不禁陶醉了。

到达嘉兴时，差不多是上午9点30分。我们首先去参观了嘉兴最具有代表性的景点——南湖。队伍可真长啊！一眼望不到尽头。走进大门，我的左边立着刻有"南湖"二字的大石头，前面有几个小喷泉。许多游客走到这里，脚好像被美景勾住了似再也迈不开，他们都停下脚步，拍照留念。越往前走，景色也变得越来越秀丽，树木越来越挺拔苍郁，好像一名名威武的战士，保卫着这南湖。为了欣赏到南湖以及其周边的美丽景色，我们选择坐船游览。南湖其实并不大，5分钟就可以游玩一圈。很多人不断地拍着照片，也有许多人在船里大声聊天，好一副惬意的景象。

当然，嘉兴除了南湖以外，还有很多景点，这其中就包括西塘。如果你以为它是一个"塘"，那就大错特错了！它其实是一个遍布小吃店与酒吧的地方，很多人在入夜后都会去西塘的酒吧唱歌，歌声响彻嘉兴的夜空。

走了一天下来，我的双腿像灌了铅一样沉。虽然很累，但是我却感觉收获满满。

这就是我

有一个男孩，非常帅气。大大的脑袋，虎头虎脑，有着一头浓密乌黑的头发；大大的眼睛，"忽闪忽闪"地透着一股灵气；白白的皮肤，笑起来就会露出一对"虎牙"，十分可爱。

这个男孩十分孝顺父母。他每天傍晚听到妈妈下班回来的脚步声，就会兴冲冲地端着一杯茶迎上前去，笑眯眯地对妈妈说："妈妈，今天您上班累不累呀？有没有什么开心的事呀？"一边说着，一边将茶递给妈妈。妈妈幸福地笑着说："哎哟，我家的儿子长大了，变得更加乖巧懂事了！"听了妈妈的话后，小男孩的心里就像吃了蜜一样甜！

前几天，妈妈不小心扭伤了脖子。小男孩用他稚嫩的小手不断地给妈妈按摩，还不停地问："妈妈，您的脖子好些了吗？"虽然手已经很酸了，但一想到这能让妈妈快点好起来，小男孩就一点儿也不觉得累。

这个男孩不仅很孝顺父母，还是个"小书虫"呢！每个星期天，他都会和妈妈一起去逛书店，发现好看的书就会高兴得眼睛直发亮，一屁股坐在地上看起书来，仿佛忘记了一切，全世界只剩下手里的那本书了！

有一天，小男孩正在看书，妈妈有急事出去了。临走之前，她千叮咛万嘱咐小男孩看好煤气，等粥煮好了把火关掉。"放心吧，放心吧！知道了！"小男孩正津津有味地享受着阅读带来的乐趣，满脑子想着多多能不能找到伙伴们。这时，厨房里的粥沸腾了！飘出一股浓浓的煳味，小男孩以闪电一般的速度冲向厨房。"天啊！真是倒霉呀！原来爱看书也会闯祸呀！"小男孩一边擦着炉子，一边垂头丧气地说。

现在大家应该猜到这个小男孩是谁了吧？哈哈！就是我！大家喜欢我这个既孝顺又爱看书的阳光男孩吗？

我的亲密"伙伴"——钢琴

我6岁生日那天，爸爸妈妈送给我一份很大很大的礼物——钢琴。爸爸对我说："这个大'玩具'你一定要好好学，好好爱惜，

因为它不仅能演奏出美妙的音乐，还能模仿叮咚的泉水、歌唱的鸟儿、隆隆的雷鸣……"我好奇地打量了它一番之后，用小手在琴键上"叮叮咚咚"敲了起来，这个黑乎乎的大家伙果然发出了响亮的声音。

从此，钢琴就成了我最最亲密的"伙伴"，我也开始了我的学琴之旅。在老师的指导下，我知道了钢琴键盘由88个键组成，包括52个白键、36个黑键，并开始一个一个地去认识五线谱上密密麻麻的"小蝌蚪"。几个星期之后，老师终于让我一个手指、一个手指地练习指法。一开始，我感觉手指像是被一条绳子拉着一样，我使劲地把手指撑起来，一个音、一个音慢慢地摸过去，一个手指、一个手指不停地"上班、休息"，我的十个手指第一次在琴键上有规律地"走"着，使我感觉既新奇又兴奋。渐渐地，练琴成了我的一种习惯，就像吃饭、睡觉一样。慢慢地，我的琴技在日复一日、年复一年的练习中，越来越棒。

四年过去了，我从最初只会"乱弹琴"，到现在弹奏的乐曲越来越动听，一会儿像一个跳着轻盈舞蹈的小姑娘，一会儿像山间潺潺的小溪。每次听着我的琴声，妈妈总会说："这是最令人享受的时光，让人陶醉其中。"

大家别以为弹琴是一件很轻松的事情，我是付出了许多努力和汗水的，我每天都要练一个小时琴。夏天，我汗流浃背地练着琴；冬天，我双手冻得通红，艰难地练着琴。

虽然练琴十分辛苦，但我也有了收获。我已经通过了钢琴六级考试，今年暑假，我要向八级发起挑战。

四年的学琴之旅，让我懂得了做一件事最重要的是要坚持。更让我懂得了一分耕耘，一分收获；一分付出，一分回报。

学习和弹钢琴其实是一样的，都不会是轻轻松松、舒舒服服的。妈妈常用这句话来鼓励我："没有不付出努力就能获得回报的人。"我相信：在钢琴的陪伴下，我的学习之路也会越走越精彩。

爱"撒谎"的妈妈

撒谎是一种十分令人讨厌的行为,我就有一个爱撒谎的妈妈,可是她每次撒谎都让我感到十分温暖!

今天恰逢三八妇女节,爷爷去市场买了许多可口的螃蟹,回到家,看到被蒸得通红通红、冒着阵阵热气的螃蟹,我立刻"口水直流三千尺",盼着早早吃饭。

吃饭时,我一把抓来一只螃蟹,把它的脚和钳先"挖"了,然后把里面的肉刮得干干净净,妈妈见我狼吞虎咽的样子,就把她的那只也给了我,还笑呵呵地对我说:"都给你吃吧,我不能吃。"我好奇地问妈妈:"妈妈,这么鲜美的蟹肉,你为什么不能吃呢?""妈妈对海鲜过敏,不能吃蟹。"妈妈笑着回答。我高兴地吃着蟹肉,而妈妈在旁边不停地给我剥肉,还边剥边说:"慢慢吃,没有人和你抢!"我吃得更起劲了,感觉自己就像游进了大海一样,好痛快!吃完饭后,我对妈妈说:"今天的螃蟹实在是太美味了!我吃撑了,要出去散散步。"妈妈说:"好的,早去早回哦。"

等我回来后,爷爷悄悄地告诉我:"其实,今天的螃蟹,我是特意买给你妈妈吃的。她最喜欢吃螃蟹了。你出去散步时,你没吃干净的蟹肉,都被你妈妈吃光了!"我一看,果然,刚刚还残留的蟹肉现在已经一点儿也不剩了。我听了十分后悔,心里像被针扎了一样。原来妈妈"撒谎"了,她不是不能吃,而是为了让我能多吃,就把她的那份让给我了。

就在上学期,有一天快放学时,突然下起了倾盆大雨,我向窗外望去,天地间白茫茫的一片,豆大的雨点打在玻璃上"叭叭"直响。学校门口很快积起了一摊摊水,雨点落下去会溅起水花,我根本出不去。就在这时,一个熟悉的身影出现在学校门口,是

妈妈来接我了。只见她卷起裤脚，将雨伞举过我的头顶，雨水顺着妈妈的额头流了下来，打湿了她的头发。回到家，我发现妈妈的衣服都湿透了。我心疼地问："妈妈，你冷不冷？"妈妈笑着对我说："哈哈！你这小家伙会体贴人了。我不——冷！"可话音未落，妈妈就打了一个大大的喷嚏，看着她冷得瑟瑟发抖，却还要装作一副若无其事的样子，我的眼角不知不觉地流下了泪水。我恍然大悟，原来妈妈又撒谎了。果然，第二天，她就得了重感冒。

我的妈妈就是这么一个爱撒谎的人，她用爱编织了一个又一个美丽的谎言，让我感到幸福和温暖！

我喜欢玩魔方

小小的一个三阶立方体，成了我的爱好，你是不是觉得有点可笑呢？不错，它就是我的爱好，也是我最拿手的项目——魔方。

它一般是由27块小立方体组成，每块上都有一种颜色。魔方六个面分别是白色、黄色、橙色、红色、绿色、蓝色，被打乱后各面的颜色错综复杂，让人看了眼花缭乱。三阶魔方，顾名思义是一个3×3×3的魔方，它于1974年由匈牙利的建筑学家鲁比克发明，他花了一个月自己摸索出了还原公式，将一个被打乱的魔方复原。

我还记得，自己第一次还原三阶魔方是在2018年的4月19日。因为没人教我复原魔方的方法，我只好上网自学。在找到一个合适的视频后，我按照视频中所述的步骤进行复原，这个过程中，不知是因为自己记错了公式还是把什么步骤忘了，有时候竟把魔方给弄得更乱了。没法子，我只好重新再来，一次又一次地尝试，直到成功为止。

看到这儿，很多人可能会想：看来复原一个三阶魔方也没有想象中的那么难。大错特错！复原魔方时你不仅需要记一些十分繁琐的公式，而且在不同的情况下还要用不同的公式。特别是在进行顶面的复原时，你需要在19种情况中应用19个公式，其记忆量有多大可想而知！

言归正传，我最终还是克服了种种困难，学会了复原魔方，那时我的兴奋再怎么描述也只会显得语言是那么的匮乏。从那以后，不管在什么地方干什么事情，我总是手捧一个魔方，玩啊玩，玩多了，也被我玩巧了，它任由我的手控制。我对它的喜爱之情溢于言表。

通过玩魔方，我结识了很多朋友。我们几个高手在一起，互相切磋，借鉴经验，可谓是一种乐趣。魔方，已成了我生活中不可缺少的一部分。我最爱魔方，它也将陪我到永远……

捏不破的鸡蛋

今天，妈妈神秘兮兮地对大家说："我手上有一个生鸡蛋，我们来比试比试，看谁能把它捏破，获胜者可以得到一份大奖哦！"我们听了，都兴奋极了，个个跃跃欲试。

第一个登场的是家里最能干的爸爸，他神气十足地说："这么个小玩意儿，我分分钟就能把它捏破了。"只见他自信满满地把鸡蛋握在手心，使劲一按，正当大家都在为鸡蛋担心时，奇怪的事情发生了，鸡蛋像坚硬的石头一样，怎么也捏不破。而爸爸早已面红耳赤了，他无可奈何地摇了摇头，带着不可思议的表情说："哎，没想到这玩意儿这么硬，我甘拜下风！"说着，他像一只斗败的公鸡，灰溜溜地下了台。

第二个登场的是人高马大的外公。"捏碎这小小的鸡蛋，对我来说还不是小菜一碟。"只见外公小心翼翼地把鸡蛋放在手心，快速地转了几个圈，只听见"啪"的一声，鸡蛋壳破了，蛋清流到了地面上，我和爸爸同时发出欢呼声，可妈妈似乎看出了什么

破绽，非让外公再来一次。第二次，鸡蛋一点儿面子也不给外公，任凭他如何使劲，鸡蛋就是不破。正当大家疑惑不解时，外公只好承认自己第一次做了一个小动作，才捏破鸡蛋的。外公也以失败而告终。

终于轮到我了，我把腿叉开站着，屏住呼吸、咬紧牙关，用力一捏，鸡蛋不但没破，好像还在嘲笑我。你也太小瞧我了吧！我气呼呼地看着纹丝不动的鸡蛋，无可奈何地下了台。

妈妈看着我们疑惑不解的样子，不得不说出答案："其实，鸡蛋是永远捏不破的。""啊？"大家露出一副不可思议的表情。"因为鸡蛋表面的曲面结构很好地分散了所承受的压力。因此，即使鸡蛋壳很薄，它却能很好地抵抗外界的冲击。这种结构在建筑学上被称为'薄壳结构'。在很久以前，我们的祖先就利用这种原理发明了石拱桥。现在，很多建筑都运用了'薄壳结构'，比如：悉尼歌剧院、人民大会堂……"

原来是这样啊！我恍然大悟，没想到小小的鸡蛋中也藏着奥秘！

我会"变"

风无处不在，无孔不入，人们看不见它，摸不着它，但也离不开它，它默默地为人提供着帮助。有一天，我做了个梦，梦见自己变成了一阵风。

我是一阵温柔的风。夏天，又红又亮的"大火球"照射到大地妈妈被烤焦的身体上，人们热得大汗淋漓，额头上布满了豆大的汗滴。这时，我会穿上浅蓝色的衣服，把如海一般的颜色和凉爽带给人们。我会吹干人们的汗水，带给他们一个清凉的夏天。夜色深了，我蹑手蹑脚地在纳凉的人群中走过，给孩子盖上毛毯，就像妈妈用温柔的双手抚摸孩子那样。

　　我是一阵清新的风。早晨，走出家门，人们发现整个城市笼罩在一阵薄雾当中，高楼大厦变得若隐若现，人们一边捂着嘴，一边匆匆地赶路。孩子们个个垂头丧气，因为他们又不能去操场上奔跑、玩耍了。这时，我鼓起腮帮子，使劲一吹，雾霾便跑得无影无踪。湛蓝的天空上，洁白的云朵飘来飘去，孩子们露出了甜美的笑容，看着人们享受着幸福的生活，呼吸着清新的空气，我心里高兴极了。

　　我是一阵热情的风。我来到大海上，看见几艘船驶不动了。我轻轻一吹，船帆升了起来，船又能飞快地行驶了。我来到稻田边，一架水车一动不动地停在那里，我使劲一吹，"吱吱……吱"，水车欢快地奔跑起来，麦田里的小苗喝饱了水，挺直了身子，个个精神抖擞。我来到辽阔的草原，一排排大风车随着我"呼啦啦"地转，源源不断地输送着电力，给人们带来光明。

　　"丁零零，丁零零……"闹钟响了，哇！上学要迟到了。我像风一样跑向学校。我愿意变成风，帮大家做更多的事。

美丽的北海校园

　　在新河弄，有一所百年名校——北海小学。那里有和蔼可亲的老师，有勤学好问的学生，还有美丽的风景，那是一个温暖的大家庭，是一个令人向往的地方。

　　夏天过去了，秋天来到了，我们又迎来了新的学期。

　　9月8日的早晨，我跨进了学校大门，首先映入我眼帘的是一座蓝白相间的"城堡"，它是我们的主教学楼，在阳光的照射下，闪烁着耀眼的光芒。西边的花坛上，高高地耸立着两棵雪松，如同两位高大的战士，守护着整座北海校园，它们的叶子闪闪发光，好像每一片绿叶上都有一个新的生命在颤动。高高的雪松，简直可以和"城堡"一争高下，在阳光的照射下，显得茂盛无比。

　　"城堡"的东边还有一个大花坛，花坛中有许多花草树木。沿着石头铺成的小路，我首先看见的是一棵高大的石榴树，树上还开了几朵红色的小花，好像一团团火。还有那棵柿子树，枝条高高地伸向天空，在零零星星的叶子中结着一个个红红的大柿子，好像一盏盏红灯笼，我仰头望去，脑海里浮现出各种各样的画面：过年时，人们挂上"红灯笼"，把柿子树照得透亮，这样，可以给人们带来无比的喜悦；晚上，伸手不见五指，人们打开开关，把柿子树照得透亮，以便看清周围的事物……远处盛开着杜鹃花，叶子绿油油的，虽然此时的杜鹃花不如春天开得艳丽，但我还是可以想象那可爱的画面：蝴蝶在杜鹃花丛中跳舞，蜜蜂"嗡嗡"地飞过花丛，停在了杜鹃花面前，开心地唱着歌儿……远处，种着一排排绿油油的翠竹，有的随风摇曳，有的亭亭玉立……

　　漫步在花园的小径，望着两边一簇簇绿油油的小草，我仿佛看见了蚂蚁家族正忙着搬食物，听到了蟋蟀躲在草丛中开心地唱着自己谱写的歌……

　　走过红色大理石铺成的大厅，来到了紫藤架下。秋天的紫藤架仍然盘根错节，努力地向上攀登，一直攀到了2楼，仿佛在向我展示一种力量。那里的紫藤架竟把三幢教学楼连在了一起，我们的教室就在6号楼的4楼。

　　不知不觉中，我已来到了鱼池前。鱼池周围有一圈大大小小的石头，给鱼池编了一个朴素的花环。近距离看，你会发现池面上有四个喷泉，水洒在池面上，就像四把晶莹透亮的小伞。再走近些，你会发现有许多条可爱的小鱼在池里游动，有红的，有白的，还有红白相间的。最引人注目的要数白色的鱼了，它身上有两个红包，好像一个英雄，打完仗后胜利归来，获得了大红花。突然，一条小鱼猛地一扎，"嗖"地钻进了鹅卵石中，它是在寻找食物吗？我不禁这样想。突然，池面又荡起了阵阵涟漪，我一看，原来是一条穿着"裙子"的小鱼游到了另一条小鱼跟前，低下头，仿佛在跟那条小鱼说悄悄话呢！哇！这些小鱼真可爱！

紫藤架的西边，就是我们的操场了。星期一早上，我们都会在这儿举行升旗仪式。每当下课铃声一响，同学们就会蜂拥而至，操场上立刻就沸腾了，有的在跳绳，有的在踢毽子，还有的在嬉戏……操场已成了孩子们的乐园。操场周围屹立着许多茂盛的大树，同学们三三两两地在树下说着、跳着、笑着……上课铃响了，同学们恋恋不舍地离开了操场，操场又恢复了它的宁静。

秋天，金风送爽，一阵桂花香扑鼻而来，打断了我的遐想，沉浸在这桂花香中，我感到十分自豪，北海小学是我们共同的家园，我爱它。

观察日记五则

10月9日　星期日　晴

今天，张老师给我们布置了一个有趣的作业——发绿豆。

回到家，我向外婆要了一把绿豆和一个长方形的塑料盒。我拿来几张餐巾纸，平整地铺在盒子底部，再倒入清水把纸巾浸湿，然后放入一颗颗晶莹饱满的绿豆。它们就像一个个穿着绿色衣服的宝宝，安安静静地躺在小床上。

过了两个小时，我又去看望这些"宝宝"们。哇！起变化了！有的"宝宝"睡醒了，变得胖胖的，它们使出浑身的劲儿，把绿衣服都撑破了，露出白白的身体；有的"宝宝"还在半梦半醒之中，伸了一个懒腰，探出了小脑袋，喝饱水的小肚子鼓了起来；还有的"宝宝"太迷恋小床了，一直呼呼大睡，怎么也叫不醒。

可爱的"宝宝"们，再好好睡上一觉吧！明天早上我再来看你们，祝愿你们早早发芽！

10月10日　星期一　晴

今天晚上放学回家，我迫不及待地去看望绿豆"宝宝"们。

"哇！发芽了！"我兴奋地大叫起来。绿豆"宝宝"们都已经脱掉了绿衣裳，尽情舒展着它们洁白光滑的身体。它们的身体呈椭圆形的两瓣，顶上抽出了一株株小芽，小芽是乳白色的，长约5毫米，摸上去滑滑的、嫩嫩的，小芽都是向下长的，有的是笔直的，像小姑娘的辫子；有的弯曲了，像一个个弯钩。这些小芽十分娇嫩，好像一碰就会断似的。

经过一个晚上的浸泡，原来清澈的水微微泛着绿色，妈妈说："绿豆发芽后不能长时间浸泡，还需要换水。"于是，我重新给绿豆们洗了个澡，铺上新的"床垫"。绿豆"宝宝"们立刻变得精神抖擞，我低下头，轻轻一闻，一股豆的清香沁人心脾。

绿豆"宝宝"们，你们一定要茁壮成长哦！我在心里默默祈祷着。

10月11日　星期二　晴

放学回家，我的第一件事就是去探望绿豆"宝宝"们。

所有的绿豆"宝宝"都脱掉了绿色的衣裳。小芽又长高了，最长的已经长到2厘米了，一条条细细的"小辫子"变成了一条条"马尾辫"，我对于它们的生长速度很惊讶。它们的外形像极了小蝌蚪，大大的脑袋，长长的"尾巴"，但它们比小蝌蚪更可爱，个个都精神抖擞，挺直了身子，仿佛在说："我要快快长大！我要快快长大！"

又到了绿豆"宝宝"们的洗澡时间了。我小心翼翼地将"床垫"——餐巾纸抽走，给绿豆"宝宝"们痛痛快快地洗了个澡，让它们躺在更宽敞、更明亮的小床上，绿豆"宝宝"们感到心满意足，咧开嘴，笑得更欢快了，我仿佛听见它们在说："真舒服啊！"

明天，你们又将带给我什么惊喜呢？我期待着。

10月12日　星期三　晴

小小的绿豆"宝宝"们，每天都会给我带来大大的惊喜。

果然，今天绿豆"宝宝"们白白胖胖的身体渐渐地变深、变黄了，有些甚至泛着紫色，就像披着一条紫色的纱巾。豆芽儿越长越高，一个劲儿地往上蹿，最长的已有3厘米了。豆芽儿们，难道你们也撒了谎，所以才会像匹诺曹的鼻子一样越长越长？豆芽儿的颜色也有深浅，粗细也不均匀，越往下就变得越细越尖，好像一枚绣花针。

我还惊喜地发现，有两个小小的"脑袋"从两瓣身体的夹缝中探了出来，我仔细一看，原来是两片绿绿的小叶子，就像一对兔耳朵一样竖在那里，可真有趣！

绿豆"宝宝"们，愿你们能够茁壮成长，我期待着。

10月16日　星期日　晴

经过5天的浸泡，绿豆"宝宝"们长得更胖、更结实了。

绿豆"宝宝"们的芽长得更粗更壮了，最长的已有10厘米了，上面粗，下面细，好似一个大力士的手臂。上半部分和下半部分的色差更明显了，越细的地方越浅。所有的绿豆"宝宝"白白胖胖的身体都泛着紫色，它们好像喝多了似的，身体鼓鼓的。哇！可真有趣！

今天早上，我又将绿豆"宝宝"们的"床垫"——餐巾纸铺了进去，希望能够让豆芽们"站"起来，好好看一看外面美丽的世界。

现在我终于明白，为什么叶圣陶先生写的《爬山虎的脚》是那么详细；为什么法国作家法布尔写的《蟋蟀的住宅》是那么生动……原来，这一切都源于观察。生活中有许多事情，都需要我

们用慧眼去发现。只要我们留心观察，善于发现，就会体会到生活中更多的乐趣。

桃花的后悔

从前，有一只猴子，它居住在花果山上。那里春天鲜花盛开，夏天绿树成荫，秋天鲜果飘香，冬天白雪茫茫。猴子聪明伶俐，每天总会冒出一些好玩的念头。

有一天，它抬头望见一片美丽的桃树林，忽然有了灵感：不如每年举办一个"桃花比美节"，选出最美的一棵桃树。说干就干，它赶紧通知另外的猴子，听到这个消息后，猴子们纷纷表示赞同。

接下来的时间里，它们开始忙碌起来。每天给桃树浇水、施肥，精心地呵护。渐渐地，渐渐地，桃树的树干变得越来越粗壮了，枝叶变得越来越茂盛了。一朵朵桃花绽放了，有的白如雪，有的粉如霞，有的红似火……

盼啊，盼啊，终于盼到了"桃花比美节"，猴子们纷纷聚到一起来欣赏桃花。突然，一只小猴子放慢了脚步，被眼前的一棵桃树深深地吸引了……

它是那样的美丽，开满了粉中带白的花朵，好像一件五彩缤纷的衣裳，一朵紧挨着一朵，挤满了整个枝丫；好像一群顽童，争先恐后地向人们展示它们的艳丽风姿。桃花长得十分茂盛，将桃树遮掩得严严实实的，两片绿绿的叶子把金灿灿的花蕊包了起来，好像在默默地告诉人们：春天已经到来。还有的是一个个花骨朵儿，像抿嘴含笑的小姑娘，谁也不肯第一个露出笑脸。远远地飘来一阵花香，沁人心脾。小猴子不禁啧啧称赞："哇！真是太美了！"桃花听了小猴子的称赞，仰起了头，不禁骄傲起来，觉得这次的冠军一定非他莫属。

蝴蝶妹妹飞了过来，停在花朵上，称赞道："桃花姐姐，你可真美啊！我能在你的花蕊中跳会儿舞吗？"

桃花回答道："滚开！滚开！我可是这儿最美丽的桃花。如果让你这丑陋的小东西在我这五彩缤纷的衣裳上跳舞，会把我的衣服弄脏的。还不赶快给我滚开。"

小蝴蝶含着泪离开了。

不一会儿，勤劳的蜜蜂弟弟飞来了，它在这片桃花丛中一边兴高采烈地飞着，一边采着花粉，它停在花朵上，称赞道："桃花姐姐，你可真美呀！你能给我一些花粉并和我做朋友吗？"

话音未落，桃花已勃然大怒："滚！滚！滚！想要我给你花粉还同你这丑陋的东西交朋友？真可笑！你啊，还是趁早给我滚蛋吧！"

小蜜蜂啜泣着离开了。

见此情形，其他谦虚的桃花招呼着小蜜蜂和小蝴蝶："蜜蜂弟弟，我这里花粉可多了！你赶快来采吧！"

春去秋来，树上的叶子都落到了地上，有的被风吹进了小溪，有的"飞"到了土地上，但它们并不伤心，因为它们有了生命的种子——一个个毛茸茸的桃子，可是那棵骄傲的"桃花皇后"呢，它的枝头是空空的，找不到一个桃子……

它后悔了。眼看着自己马上就要枯萎，不禁哭了起来。这时，风伯伯经过它的身边，问它："你为什么要哭呀？""当我是一朵美丽的花朵时，我孤芳自赏，赶走了小蝴蝶和小蜜蜂，也错过了它们为我传播花粉、帮我结果的时机，可现在后悔已经来不及了。"

突然，蝴蝶妹妹又飞来了，桃花用自己最后的力气说："蝴蝶妹妹，对不起，你来和我交朋友，我却把你赶走了，请原谅我吧！"

后来，花果山里的猴子常常议论着那棵桃树，"真是太可惜了，长得那么美丽，却结不出一个桃子，还怎么参加比赛呀？"这句

话在桃树的身边回荡……

　　一片片飘落的树叶如同一滴滴悔恨的眼泪，被风吹进了泥土里……

　　是啊！不要因为自己的美艳而瞧不起别人，他们恰恰能给你带来最大的帮助。

可爱的小仓鼠

　　今天，我们408班来了两位"不速之客"——两只可爱的小仓鼠。俗语说"老鼠过街，人人喊打"，可是它们一到我们班级里，就立刻变成了"小明星"，真可谓是"老鼠进班，人人喜欢"。

　　这两只小仓鼠是从407班借过来给我们当模特儿的，因为今天我们要写一篇关于小动物的作文。

　　仓鼠是一种惹人喜爱的动物，它们住在一间粉红色的房子里，一只黄白相间，还有一只黑白相间。黄白相间的那只仓鼠是"大哥"，它体形魁梧，长着一身淡黄色的毛，像布丁似的，背部有一条细长的绒毛若隐若现，我们给它取了一个好听的名字——"奶茶布丁"；另外一只是"小弟"，身材苗条，它和大哥形影不离，一身黑色的毛中间零星星地夹杂着数块白色的细毛，摸上去软软的，好像穿着一件皮大衣，而且那黑白的毛中间还微微泛着银色，我们把它叫作"银狐"。

　　它们的头上大下小，像一个小葫芦。眼睛十分小，像芝麻粒似的，但是黑溜溜的，闪闪发光，当我看着它们的时候，它们也直勾勾地看着我。它们的耳朵薄薄的，是粉红色的，像两只贝壳或两层薄膜，紧紧地贴在它们的小脑袋上。它们的嘴巴尖尖的，两边各有几根泛着银光的胡须，它们的小鼻子就"住"在这小嘴巴上。

　　它们那细细的四肢又尖又短，简直比火柴棍还短。它们的后肢比前肢发达，非常有劲，可以让它们那肥胖的身体转起来，当它们的四肢都蜷缩起来的时候，活像两个小绒球。

小仓鼠还是个"大胃王"。它们最爱吃玉米片、花生米等五谷杂粮，我们吃水果时，也许"奶茶布丁"闻到的水果香味让它感觉到肚子饿了，它立马找到玉米片津津有味地吃了起来。不一会儿，"奶茶布丁"的左脸肿起来了，接着右脸也长胖了，变成了一只"大脸鼠"。原来啊，小仓鼠的嘴里有两个食囊，就像两个仓库，它会先把吃下的食物储存在两个食囊里，怪不得叫它"仓鼠"。

仓鼠不仅贪吃，还贪玩。老师说，小仓鼠是夜行动物，白天懒洋洋的，总是一副睡不醒的样子，晚上7点到10点是它们最活跃的时间。可是，今天我们的小客人"奶茶布丁"在午睡时间却兴奋得怎么也睡不着，就像打了兴奋剂一样，或许是因为一下子见到了这么多新朋友太激动了吧！它吃饱了，喝足了，就来到健身轮上跑步，好像是在减肥呢！它甚至还用爪子扒住笼子，朝着"窗"外看我们呢！

突然，它的后脚停住了，打了个跟跄，从健身轮上摔了下来。我们先是一惊，怕它摔断了腿，它却抖抖身上的毛，不慌不忙地站了起来，不紧不慢地爬上健身轮，又开心地玩了起来。仿佛在边玩边说："失误，失误，刚才只是个失误。"哼，真是个调皮的小家伙。

可"银狐"却不这样，它是一个"贪睡王"，刚进408班教室就呼呼大睡，整个下午都没醒过来。有时它蜷缩着身子，睡在角落里；有时它会微微张开嘴巴，吃些东西，接着又四脚朝天，呼呼大睡了。

"奶茶布丁"玩累了，就爬了下来，它想将"银狐"推开，自己躺上去，可是"银狐"睡得太香了，没有理会"奶茶布丁"。"奶茶布丁"被激怒了，用力一跳，跳上了"银狐"的背，"银狐"

猛地翻了个身醒了，它瞪着"奶茶布丁"，仿佛在说："哼，你这个坏蛋！把我的好梦给惊醒了。"于是它们打了起来，打着打着，它们又挤在一起睡着了。

瞧！这两只小仓鼠——"奶茶布丁"和"银狐"可真是活泼可爱呀！我真希望能拥有这么两只小仓鼠，陪我玩耍，陪我度过每一天。

秋游兰亭

秋天，金风送爽，阳光明媚，408班的同学们怀着愉快的心情在老师的带领下来到了兰亭。兰亭位于绍兴西南的兰渚山下，传说春秋时期的越王勾践曾在那里种过兰花，而汉朝时又在此设驿亭，故名兰亭。

进入兰亭风景区，首先映入我眼帘的是成排的翠竹，竹影婆娑，秋风吹过，翠竹发出"沙沙"的低吟声，空气中弥漫着翠竹的清香，我深吸一口气：啊！这香味沁人心脾。清澈见底的小溪唱着欢快的歌儿，从竹林间穿过，流向远方。

穿过竹林，踏着一条幽静的小路，翻过一座三曲石桥，我们便来到了鹅池。鹅池是王羲之当年养鹅的地方，现在也有许多白鹅：有的在水中悠闲地游来游去，欣赏着自己美丽的倒影；有的成群结队地在水中嬉戏，扑扇着翅膀；有的则一动不动地在池边休息，昂首挺胸，一副很高贵的样子。驻足池边，我诗意盎然，不由地吟起了"白毛浮绿水，红掌拨清波"。

鹅池旁边有一座精致的三角亭，亭内矗立着的一块石碑深深地吸引了我。碑上刻有两个古朴有力的大字——鹅池。这块石碑很奇特：鹅字是上下结构的，和我们现在的写法完全不一样，由此可见汉字的博大精深；还有一个奇特之处，这是一块"父子碑"，"鹅池"两字分别由王羲之和王献之父子完成。我们慢慢地欣赏着，根本迈不开脚步，张老师见了，就让我们在这块碑前坐下拍照，"咔嚓"一声，留下了我们快乐的瞬间。

离开鹅池，沿着鹅卵石铺成的小路继续前行，大约走了30多米，远远看见一座高大的亭子——御碑亭。御碑亭八角重檐，亭中有块高大的碑，这就是兰亭的镇亭之碑——御碑。碑上刻的是康熙皇帝1693年临写的《兰亭集序》全文，书风秀美，雍容华贵；碑背面刻的是乾隆皇帝1751年游兰亭时即兴所作的一首七律诗《兰亭即事诗》。祖孙两代皇帝同书一碑，让人叹为观止，不愧为我们的国宝，故此碑也被称为祖孙碑。

御碑亭前面便是传说中的墨池。据说王羲之的儿子王献之在这里苦练书法，日复一日，年复一年，把清澈的十八缸水都染黑了，故名"临池十八缸"。墨池旁边，有几块复写板和几支毛笔，同学们用毛笔在缸里蘸了点水，都跃跃欲试，想当一名"小书法家"，有的聚精会神，一板一眼地书写着；还有的写一笔，停一停，看来想要成为一位书法家，可要付出巨大的努力。

离开了御碑亭，我们继续前行，来到了第三个景点——王佑军祠。

王佑军祠是兰亭的精华所在。里面有一座四角亭子，叫作墨华亭。亭旁连着桥，祠旁环廊，整个建筑集"山水廊桥亭"于一体，独具匠心。祠内有许多著名书法家的作品，我欣赏着这一幅幅珍贵的书法作品，仿佛看见了书法家们刻苦练字，最后获得了巨大的荣誉，达到了人生的巅峰的情景！

走出王佑军祠，我发现右边就是著名景点——曲水流觞。一条"之"字形的小溪涓涓流着，像一条玉带一样，弯弯曲曲的。小溪两边都放有用草编成的圆圆的蒲团，还有一些石凳子和石桌子。今天我们很幸运！正好碰上景区里曲水流觞的表演，一群身着粉红色古代裙装的姑娘在小溪边跳舞。欣赏着舞蹈，我仿佛穿越了时空，回到当年的三月初三，王羲之邀请许多好友在兰亭休憩，他们在酒杯里倒上酒，让它们从曲水上游缓缓漂下来，漂到谁面前，谁就要饮酒作诗，作不出的则要罚酒三杯，最后，大家推荐主人王羲之为诗集作序，王羲之欣然答应，趁着酒兴，用鼠须笔和蚕茧纸一气呵成天下第一行书——《兰亭集序》……看着看着，我仿佛身临其境，酒杯飘到我面前时，我一手握着笔，一手举着酒杯，泼墨挥毫……

美好的时光总是那么短暂，不知不觉，到了我们回家的时间。沿着兰亭江往两边走，迎着徐徐的凉风，空气中仿佛都弥漫着纸和墨的清香，蓝天和白云都倒映在兰亭江中，让人心旷神怡。我不禁想：书法圣地——兰亭的美景说也说不完，希望你有机会能来这里细细游赏。

欲望与人性的博弈
——观《动物世界》有感

乍一听到这部电影的名字，我的第一反应就是赵忠祥老师又复出了，暑期的科普大片要隆重上映了。可随着对电影的宣传越来越多，它的豆瓣得分越来越高，我对它的兴趣也逐渐浓厚起来。这是一部什么样的片子，为什么那么受观众的喜爱？直到有一天，妈妈问我想不想看这部电影时，我毫不犹豫地答应了。

《动物世界》其实是一部由日本动漫改编而来的电影。男主角郑开司是一名穷途末路、生活潦倒的小镇青年，平时的工作是在游戏城里扮演小丑，供客人合影，下班后还要去医院照顾卧床多年的植物人妈妈。郑开司已经算得上是一个彻头彻尾的人生输家，可偏偏还遇上了一个不靠谱的发小，骗走了他唯一的房产，让他背负了巨额债务。走投无路的郑开司遇到了一个神秘组织，给了他一个选择——去一艘游轮上，参加一场游戏。赢了，他不仅可以将债务一笔勾销，甚至还可以大赚一笔；输了，他就要背负一辈子打工都还不清的债务，甚至还会赔上性命。

面对病重的母亲和痴心等待自己归来的青梅竹马的恋人，郑开司选择踏上这艘改变自己命运的游轮——命运号。

踏上游轮，郑开司才发现，一切远不是想象中的那么简单。游戏是再简单不过的石头、剪刀、布，输了的人就被淘汰。但当一批为了利益而不择手段的亡命之徒聚集在一起时，再简单的规则也会变成暗藏玄机的陷阱。因为游戏的最大规则就是"没有规则"。作弊，相互勾结，没有道德、没有底线，游轮最后沦为了像动物世界一样的"斗兽场"！有的玩家假意联手对付强敌，使自己获救却断送了盟友获救的机会；有的玩家装疯卖傻依附强者，最终却见利忘义遭人唾弃；有的玩家机关算尽借刀杀人，最后作茧自缚，自食恶果。在这场游戏中，人只有靠动物本能才能在这动物世界般的环境里生存下来，在博弈中玩家抛弃人生底线，暴露内心的兽性。我想这大概就是片名"动物世界"的由来吧！

但是，哪怕是在动物世界，人性的勇敢和善良、坚忍和坦荡，依然是最温暖而明亮的光。当郑开司安全逃脱时，仍不忘赎出那个被人骗得一无所有而被关进"小黑屋"的老人。在鱼龙混杂的黑暗社会，郑开司始终保留了自己身上一丝少年的热血和善良，就像他坚信的那个小丑那样，在这个魑魅魍魉的世界里，踽踽独行，替天行道。

牙牙学语时，妈妈教我"人之初，性本善"；上学后，老师教我"赠人玫瑰，手有余香"，这些表达的都是人间的温情。擦亮眼睛，我看到了许多感人的细节：自取自付的早餐店比"寻常"早餐店收的钱更多，最美老师在车轮下救出孩子……心中的光斑变得越来越明亮。在物欲横流的社会里，我们都在感慨人情的日益冷漠，但我也坚信，哪怕是动物也会有真挚的情感流露，在深情地呼唤着人性。就像影片最后唱的那样："该打的仗我已经打过了，该跑的路我也跑到了尽头，老子信的道老子自己来守。背叛的争论没有底，想把老子变成一只动物，没戏。动物是你们的，

规则老子自己来定。"

心存善念，世界一定会回报你一个大大的微笑！

给舅舅的一封信

亲爱的舅舅：

您好！

最近身体好吗？工作忙吗？我要告诉你一件快乐的事。

昨天，爸爸妈妈带我去咸亨酒店吃圣诞大餐了！

一到酒店，哇！节日的气氛好浓烈呀！远远地，我就听到大堂里回荡着悠扬的圣诞歌声，我的心也随之欢快起来。餐厅门口摆放着一棵圣诞树，像一座小塔，比我还高。树干上缠绕着许多五颜六色的小彩条，闪着亮光，像天上的星星，又像无数只小眼睛一眨一眨的，仿佛在说："欢迎光临，圣诞快乐！"树上还挂满了琳琅满目的装饰品：有一只只能发出动听声音的铃铛；洁白的"雪花"飘落在树上，如梦如幻；还有一只只大红色的圣诞袜子，真希望里面能飞出许多礼物来。圣诞树旁，站着一位慈眉善目的圣诞老人，他全身通红，头上戴着一顶红白相间的帽子，身穿红色的大袍子，脚上穿着一双红色的大靴子，可他的胡子、眉毛全是雪白的，样子可爱极了。圣诞老爷爷手中拎着一个红色的大袋子，里面装满了各式各样的礼物，糖呀、玩具汽车呀……他看到小朋友走过来，就笑呵呵地将礼物发给他们。

走进餐厅，我惊呆了，这简直就是一场饕餮盛宴啊！有比普通鸡大三四倍且已经烤得金黄酥脆的火鸡；有一碟碟摆成小鹿造型的细嫩的鹅肝沙拉；有堆得像小山一样高的水果；有用巧克力、奶油做成的蛋糕树；还有一块块油油的牛排，实在是太多太多，让我目不暇接。我心想：今天一定可以大饱口福了。

火鸡是我的第一个目标。可望着这么大一个家伙，我该如何下手呢！突然我看见台面上放着一把叉子和一把刀，哦！原来是用刀和叉子吃呀！可我应该从哪个部位下手呢？翅膀还是大腿？我又犯愁了。我正想切下鸡翅时，却发现下面还隐藏着一个巨大的鸡腿，那就把鸡腿割去吧！说干就干，我拿起叉子让鸡腿乖乖不要动，然后用小刀轻轻地一切，轻而易举地让鸡腿成了我的食物。正当我准备回桌去炫耀时，目光又停留在了肉串上。那些肉串在灯光的照耀下红得发亮，我便又拿了一串，高高兴兴地回到了桌上。我拿起叉子准备大吃时，妈妈回来了，她手里捧着一碟鹅肝、许多块小蛋糕……我忙指着盘子里的鸡腿对妈妈说："妈妈，我把整个鸡腿都拿来了！看哪！"妈妈看了先是一惊，然后露出了灿烂的微笑。我又不停地东张西望，开始寻找下一个目标。

"亲爱的朋友们，大家晚上好……"一阵说话声从我耳边传来。原来，到了最激动人心的抽奖环节，我顿时开心起来，我拿着上面写着"0072"编号的票紧张以待。妈妈看着我这副样子，"扑哧"一下笑出了声。

当主持人报到"0072"这个号时，我"腾"地一下跳了起来，如箭般地跑到前台去领奖，拿回奖时心里甜滋滋的，因为我拿到了一个变形金刚。我刚回到座位时，圣诞老人走了过来，他邀请我为大家抽取三个三等奖。今年的圣诞节，是个充满爱心的日子，我要把爱心传递给大家。我把手伸进抽奖箱里，心想：中奖的孩子肯定也会十分开心的……

好了，时间不早了，我要上床睡觉了，我要做一个美梦，梦中圣诞老人驾着雪橇，来到我家，偷偷地把礼物藏进床头的袜子里……昨天真是开心的一天呀！

晚安。

祝您

工作顺利！

您的外甥：丁晓恺

12月25日

未来的教室

21世纪的某一天，我正在窗前看书，突然发现一位老人正在窗前看着我。他对我说："小朋友，你想不想去未来的教室看一看呀？""好啊！"我兴高采烈地回答。

老爷爷变出一艘时空飞船，我坐了上去，只听"嗞"的一声，时空飞船启动了。我飞上了蓝天，看见了朵朵白云和一片蔚蓝的天空……飞船飞得很快，顿时停在了一所学校面前。

远远望去，学校像一辆高速列车，行驶在草坪上，教室像一节节车厢整齐排列。每一节车厢都有自己的编号，我找到了挂有"408"牌子的教室，正想打开门，却发现门被锁得紧紧的，怎么也打不开。咦？既然没有锁，门为什么打不开呢？我开始纳闷了。就在这时，我发现每个教室门上都有一副肖像，上面画着一位骑士，他十分英俊，骑着战马，威风极了。他突然开口说了话："你好，欢迎你来到这所学校。现在请告诉我你的学号，门便会自动打开。""哦！原来是这样呀！"我恍然大悟。我脱口而出："0002。"只听"啪"的一声，门打开了……

走进教室，我惊呆了，地面是绿绿的草坪，上面开放着杜鹃花、菊花……让人看得眼花缭乱，香味飘来，沁人心脾。"丁零零"上课铃响了，老师走了进来，他手里一本书也没有，我正纳闷呢，上课用的书呢？这时，老师从口袋里掏出一支激光笔，用激光笔的一头对准墙，只见墙上突然有了语文课本。老师说："这是一面特殊的墙，上课时它会自动显示要学的那一课……"听完后，我一脸的惊讶。下课时，我耳边突然响起了音乐，我把头向右一转，哦！原来书本不见了，墙壁上在放动画片呀！我看得十分投入，仿佛置身于一个球幕电影院……哇！可真神奇。突然，我发现了一个很奇怪的现象——教室里居然没有黑板。这时，老师又取出了激光笔，对着教室一点，空中就立刻出现了一块黑板，老人低下头对我说："这是一块隐形黑板，不用的时候它就像空气一样，不会被同学发现，也不占用教室空间，但只要老师用激光笔一点，空气就会慢慢地凝结在一起，形成一块黑板。"我不禁赞叹道："太神奇了！以后老师再也不用担心粉笔灰伤身体了。""而且这黑板还非常环保，不需要用的时候，再按下激光笔，黑板又会消失得无影无踪。"老人兴奋地说着。啊！我真希望自己是一名建筑师，能够设计出漂亮的火车教室；我希望自己是一位发明家，可以利用光、空气等自然资源来创造出我们教室里的所有物件。我相信：只要我们好好学习，就一定能创造出这神奇的教室。

《乌塔》读后感

今天老师给我们讲完了《乌塔》这篇课文，我的心久久不能平静。乌塔14岁就能独自一人游历欧洲，我被她那大胆、细心、独立的品质所折服。

读完文章后，我脑海里冒出了一连串的疑问，究竟父母应怎样做才算爱孩子？为什么中国的孩子不能独立？难道父母因为爱孩子就不可以让孩子单独出远门吗？我们是一群渴望在蓝天中自由飞翔的小鸟，而父母的态度呢，却像是将我们捧在手心里生怕摔了，含在嘴里生怕化了。父母这种中国式的关爱让我们喘不过气来。

乌塔为了能去旅行，每个周末都去餐馆或超级市场分发广告单，从她身上我看到了一种不怕苦的精神。可我呢？在家里，我是父母的心头肉，不做任何家务活，家里拖地、洗菜全由妈妈承包。我唯一的任务就是学习，它是我的全部，真可谓是"两耳不闻窗外事，一心只读圣贤书"。有时看到妈妈下班回家那疲倦的样子，我也很想帮妈妈做些家务活，可妈妈总是婉言拒绝我："去做作业吧。"这是妈妈挂在嘴边的口头禅。

　　一个14岁的小姑娘，可以独自一人游历欧洲，这需要父母大力的支持。每天早上或者傍晚，学校门口总会被挤得水泄不通——都是来接送孩子的家长。他们总有那么多的担心：担心孩子被坏人拐走了，担心孩子被汽车撞个四脚朝天……就拿我妈妈来说吧，有时候连我过马路她都要牵着我的手或是对我千叮咛万嘱咐。

　　有一次出去旅游，我晚上突然想去上厕所，急忙起床，打开了灯，惊醒了正在睡觉的妈妈，妈妈说："你干吗呢？""上厕所。"我小声地回答。"小心哦，别撞到了。"妈妈又开始担心了。上完厕所后，我回到自己的床上睡下，可心里还在想着：妈妈连我半夜上厕所都这么不放心，怎么可能让我独自一人出远门呢？

　　乌塔用了3年的时间准备这次旅行，她做事细心、有计划性的优点值得我学习。记得有一次，我在出去旅游前查阅了一些资料，以为这样就"万事俱备，只欠东风"了，可是到了那里我才发现事情并不是这样。为了找旅馆我走了许多冤枉路。坐公交车时，我把我的行李箱落在车上了。汽车开走了后，有一位乘客看到车上有个被遗失的行李箱就将它交给了警察，当时我们正急得像热锅上的蚂蚁，心想：行李箱丢了该怎么办啊？虽然行李箱最后失而复得，但足以见得我真是一个不折不扣的"小马虎"。

　　"做任何事都要有计划，当天事当天毕。"妈妈经常这样教导我，可我总是做不到。就拿弹琴这件事来说，我拖呀拖，拖呀拖，一直到星期日晚上才发现琴还没弹过，于是只好"临时抱佛脚"地弹了起来。以后，我真得下决心改掉这个坏毛病，做事情也要像乌塔那样井井有条。

　　我也希望我的爸爸妈妈和我一起读一读这篇课文，我也想对他们说："爸爸妈妈，我长大了，请你们相信我，支持我，给我一个锻炼的机会，我不想在怀抱中成长。小树只有经历风雨，才能长得更加茂盛；雄鹰只有不怕跌落，才能搏击长空。爸爸妈妈，有时候放手也是一种爱！"

不可能的任务

这个星期，老师给我们布置了一个我从来没有体验过的作业——剖鲫鱼。

望着水池里这个欢快嬉戏的小家伙，我变得犹豫不决。让它命丧我手，实在于心不忍。我该怎么完成这项艰巨的任务呢？妈妈仿佛看出了我纠结的心理，对我说："来吧，妈妈和你一起动手。"我只能眼一闭心一横，痛下杀手了。

如何抓住它？这成了我首先碰到的难题。别看它身体胖乎乎的，肚子鼓鼓的，动作可灵活得很。我的手刚一碰到它，它就"嗖"的一下，尾巴一摆，从我的手掌心里逃脱了。"如鱼得水"，今天我算是领悟到了它真正的含义。一只手抓不住它，就两只手上，我来了个"海底捞月"，好家伙，总算把它给逮住了。

我小心翼翼地把鱼放在砧板上，鱼儿不停地挣扎着，我只好用一只手使劲按住它，另一只手拿着剪刀开始工作了。妈妈告诉我剖鱼应先从刮鱼鳞开始。我把手中的剪刀撑到最大，从鱼尾处往前，一层一层地刮起鱼鳞来。平时我看妈妈刮鱼鳞，感觉是件十分简单的事，可为什么剪刀到了我手中就变得这么不听指挥呢？我一点力气也用不上，还差点划破自己的手。这可怎么办？和这条小鱼的较量，我总不能第一场就败下阵来吧！有了，剪刀不行就用指甲，这是我最得心应手的工具。我从尾部开始，果然一挖就是一大片，却也遭到鱼儿的强烈反抗，"啪"，一尾巴打在我手腕上，还溅了我一脸的水。

清除干净鱼鳞，接着要给鱼儿开膛破肚了。妈妈对我说："鱼的肚子有一个小口子，剪刀可以从这里伸进去。"我把剪刀插了进去，可这鱼太肥了，我使出全身力气也剪不动，只好向妈妈求助，在我们合力下，总算把鱼肚子剪开了。我扒开鱼的肚子，把手伸

进去，准备把鱼的内脏掏出来。谁知，手刚伸进去，就感觉软软的、黏黏的。我连忙把手缩回来，手上满是鱼血，散发出一般浓浓的血腥味，我感觉自己好残忍啊！

挖出内脏，接下来就是去鱼鳃和冲洗干净了。鱼的肚子上有一层薄薄的黑色的膜，妈妈说要把它洗干净，不然鱼吃起来会有些苦味。我一边冲着水一边用大拇指慢慢地擦过去。终于，大功告成。虽然我对于一条鲜活的生命就此消逝还耿耿于怀，但是我毕竟战胜了自己原有的心理恐惧，我感觉自己"完成了不可能的任务"，这也算是一种收获吧！

五年级作文

菜场中的端午

今天一起床，妈妈便神秘兮兮地对我说："以往我们都待在家里过端午，今天我要带你去一个特别的地方。"我好奇地不断追问："妈妈，去哪儿呀？""跟着我走，你就知道了。"妈妈神秘地说。我满腹疑惑地跟着妈妈，来到了菜场。原来妈妈是带我来感受菜场的端午啊！

一到菜场大门口，我便发现这里比平日热闹许多，人头攒动、一片嘈杂声。突然，一缕油炸糕点的香味深深地勾住了我的鼻子，我的双脚不听使唤地被这香味带到了一家巧菓店前。只见里面的糕点师正在切面皮。面皮的厚薄和饺子皮差不多，但不同于饺子皮的圆形，它是一块长10厘米、宽5厘米左右的长方形。如果说饺子皮像是白白净净的小姑娘的淡雅脸蛋，那做巧菓的面皮就是一张"麻子脸"，一颗颗小小的黑芝麻嵌在其中，像是夜空的点点繁星。面皮一摞摞的，叠得很高。只见糕点师们麻利地在面皮上切一个3厘米左右的口子，把面皮的一端从口子里穿过，卷好，打个结，形状像是小女孩的马尾辫。打好结的面皮被放进油锅里炸，糕点师一边炸一边用漏勺不停地翻动着它们。渐渐地，面皮由软变硬，由白色变成金黄色，身上还鼓起了一个个小包，一股香味扑鼻而来。巧菓在平时难觅踪影，可一到端午却是家家户户必买的。吃着那又脆又香又甜的巧菓，我心里有一种说不出来的喜悦。原来端午的美味就在这小小的巧菓里呀！

随着人流，我们来到了水产摊位前，水产品可真多啊！有呆头呆脑的胖头鱼，有活蹦乱跳的小虾，有全身披着红色盔甲的小龙虾。当然，今天的主角非黄鳝莫属。它们和在旁边快活地游来游去的小鱼不同，全身黄黄的，蜷缩在一起，一动不动，像睡着了似的，可是只要我用手指稍微碰它一下，那滑溜溜的身体就会慢悠悠地转开去。说它们是今天的主角一点儿也不为过。你瞧，摊主忙得不亦乐乎，称重、剖杀、装袋，一刻不停。"哟，张大爷，今天买这么多菜呀？"摊位前总不免碰到拎着大袋小袋的邻居。"嗯，今天我儿子、女儿都要回家来过节，他们就爱吃我做的葱爆黄鳝，今天啊，我要好好露一手，让他们吃个痛快！"望着桶里优哉游哉的黄鳝，我仿佛看到它们已经变成了一盘盘佳肴，全家人围坐在一起，乐呵呵地吃着，我心中有一种说不出的喜悦。原来端午的团圆就在这一盘葱爆黄鳝里呀！

突然，我发现有一个摊位前被挤得水泄不通。我好奇地挤进了人群，想看看到底在卖什么。我看见一束绿绿的东西，被用线捆好，仔细闻闻还散发出一阵中草药的清香。我转过头问妈妈："妈妈，那是什么呀？"妈妈回答道："那是艾草，是用来驱蚊辟邪的，我们买一束，也插在家门前，让蚊子离你远远的。"我连声叫好。买了一束后，我高高举着。回家后，等我把它插在门口时，发现左邻右舍、家家户户都插了上艾草，我心中有一种说不出来的喜悦，原来端午的寄托就在一束小小的艾草中呀！

菜场的端午真是别有一番韵味呀！

父亲的三次流泪
——观《摔跤吧！爸爸》有感

上周日，我观看了一部由阿米尔·汗主演的电影《摔跤吧，爸爸》。一个近似苛刻的父亲，一个充满关爱的父亲，这两者看似不可能融合，却在影片中的父亲马哈维亚的身上体现得淋漓尽致，我被父爱深深地打动了。

这部电影讲述了这样一个故事：父亲从小有个梦想，要成为摔跤世界冠军，为国争光，可是因为家里太穷，最终不得不放弃。当他和自己的妻子生了4个女儿后，以为这辈子再也实现不了自己的梦想时，他从两个女儿吉塔和巴比塔把别人家的孩子打得鼻青脸肿中深受启发，迫使她们放弃美好的童年，让她们每天早晨5点开始训练摔跤，把希望都寄托到她们身上。在整部电影中，父亲共流了三次泪，每流一次泪，我都被感动得热泪盈眶。

第一次流泪是大女儿获得全国冠军进了国家队训练，回来后自认为父亲教的那一招已经过时了，父女间发生了激烈的争吵，他们决定比试一下。那一次，他们不相上下，最后吉塔抬起右手往下奋力一压，父亲被重重压倒在地，还连滚带爬地翻了几个跟头。那时父亲流泪了，那眼泪仿佛是对自己年龄大了，身体大不如前的无奈。

第二次流泪是在吉塔连续输给好几个国家的选手时。当她灰心丧气时，她想到了父亲。她想为自己的骄傲自负向父亲说声"对不起"，可她听到父亲的声音时，却一个字也说不出，任凭眼泪肆意地流下来。电话那头的父亲，也说不出一句抱怨的话，唯一能做的就是陪着女儿默默地流泪。电话两端静得出奇，可父女心中已是翻江倒海，所有的语言、所有的情感都随着眼泪尽情地释放。那眼泪仿佛是在为吉塔惋惜，但更化成一句"孩子什么也别怕，天塌下来有父亲在！"

第三次流泪是在那个自私的教练将父亲关在小房子里，父亲默默祈祷时。那时，吉塔正和一名澳大利亚选手对战，她想起了父亲对她说过的话："5分很难拿到，但并不代表不能拿到……"吉塔下定决心，先绕到对手身后，然后奋力一抱，在空中翻转后将对手压倒在地时，哨声正好响起。只见裁判员摆出了"5"分的手势，顿时，全场沸腾，大家为吉塔的获胜感到高兴。在奏国歌时，父亲听见了那熟悉的声音，顿时热泪盈眶，那眼泪似乎是为自己有这样一个女儿感到骄傲。

"阳光总在风雨后"，看完这部电影，不禁又让我想起了这句话。是啊，没有父亲看似不近人情的要求，没有孩子们忍受那么多嘲笑而不懈的坚持，没有那坚韧不拔的毅力，怎么会有最后捧起奖杯的一刻？不经历风雨怎么见彩虹，父亲和女儿的精神难道不值得我们学习吗？

感动，在心中弥散

寒风卷着落叶，裹着萧瑟，将人们带入了冰冷的世界。但不管天气多么寒冷，每当我想起发生在街头的那一幕，总有一段暖流涌上心头，感动之情一丝丝地弥散开来。

那是一个星期六的下午，寒风呼啸，让人瑟瑟发抖。"嘎吱——嘎吱"，随着车轮轧过地面的声音，一个深绿色的身影映入我的眼帘。我知道，又是那个在小区扫垃圾的叔叔来了……

那身影渐渐近了，黝黑色的皮肤，沟壑纵横，绿色的棉布军大衣使得他的身影显得略微臃肿。但细看之下，他的手和面颊消瘦得似乎能看见筋脉。浅灰色的蓬乱头发，也不知多久没有打理过了，头上还戴着一顶多处破了洞的黑色帽子。

他微低着头，弓着身子，极其缓慢地蹬着那辆已多处掉漆的破旧三轮车。"嘎吱"，他在那个熟悉的地方停了下来，从车上取下扫帚和簸箕，沿着小区的道路，一点一点地将垃圾扫了进去。接着，他用清洁球和抹布仔细擦洗垃圾桶上的污渍。那被冻得通红的双手紧紧扶住垃圾桶，擦一会儿便停下来搓一下。突然，他发现了什么，"哎呀！"他不禁大吃一惊。低头一看，有一件东西，大部分被树叶挡着，只露出一个尖角。把树叶拨开之后，才露出它的真面目——钱包。他弯下腰来，将钱包捡起，抖了抖上面的灰尘。打开一看，里面有一沓钞票。或许是第一次捡到这么多钱，叔叔的手一直在颤抖。只见他飞快地跑到垃圾车旁，把簸箕和扫帚扔了进去。"难道他要把钱包私藏起来？"我心想。"也难怪，他们一家从很偏远的山里来，一家四口挤在一个小车库里。这些钱至少可以用来给他的孩子买点好吃的，或买件新衣服。"我仿佛在为他找借口。可不一会儿，我看到叔叔又急急忙忙地回来了，在垃圾桶旁不停地踱来踱去。冰冷的寒风吹在他的脸上，他打了一个冷战，不禁缩了缩脖子。他双手紧紧握着那钱包，仿佛怕它飞走似的，天色渐渐暗下来，天气也越来越阴冷，可叔叔就这么一直等着。终于，一位老奶奶急急忙忙地跑过来，在垃圾桶旁东找找西翻翻，不放过任何一个角落。"您是在找这个吧！"叔叔把钱包递了过去。老奶奶一脸惊喜，激动地拉住叔叔的手说："对对，就是这个。我这个老糊涂，一不留神把钱包丢进垃圾袋里了。我以为再也找不到它了，没想到……"老奶奶激动得已经说不出话了。"找到失主就好，我也该回去了。"说完，叔叔骑上那破旧的三轮车，越行越远。"哎，我该怎么谢谢你呀？"老奶奶大声喊道。"好人啊，真是好人啊。"老奶奶抱着失而复得的钱包，喃喃自语。

风依旧刮着，但它不再刺骨，仿佛变成一缕阳光，照进我的心田。

过春节

又到了一年一度的除夕，这是每年我最快乐的一天。除夕那天，家家户户迎着朝阳伴随着笑声，开始贴春联、挂灯笼，迎接新一年的开始，我家也不例外。

一早我就听见妈妈对外婆说："我们去贴春联、挂灯笼吧！""要贴春联、挂灯笼了？"我惊喜地问道。"是呀！"妈妈笑眯眯地对我说。不就是贴几副春联嘛，太简单了！我心想。我摩拳擦掌，也想露两手。于是，我缠着妈妈说："让我也去干点活呗！"在我的再三央求下，妈妈终于答应了，说："好吧！"我便高高兴兴地加入了"劳动大军"。

　　我先挑了一副春联，上面写着"五湖四海皆春色，万水千山尽得辉"。我问妈妈："妈妈，这副对联如何？"妈妈瞧了瞧，说："嗯，不错。"我便兴冲冲地跑到车库里搬来梯子，准备大显身手了。可春联一开始就给了我一个"下马威"——去年的春联牢牢地霸占着大门不肯离去。这可把我难住了。我灵机一动，拿来湿毛巾，给大门"洗了个澡"，然后用抹布一点一点地将旧春联擦掉，总算首战告捷，但我的手臂已经发酸了。接着，我爬上梯子，准备换上新的春联，可我又犯难了：哪张在左，哪张在右啊？哪儿才是它们自己的家呀？妈妈看着我发呆的样子，就告诉我："春联分上联、下联和横批，上联在左，下联在右，横批在门的上方中间的位置。"我听了恍然大悟，于是先把左边的那张涂上糨糊，这时我脚下的梯子突然变得不听话，摇晃起来，好像是故意和我作对似的。从梯子上下来一看，哎，贴歪了，气得我两眼发直。在妈妈的现场指挥下，我终于把它端端正正地贴在了大门上。第二张对联也给了我不小的考验。我刚涂好糨糊，突然吹来了一阵小风，春联在我手中就像跳起了舞，"噗"的一声，哈哈哈哈，谁看了都会大笑，那春联和我来了个"亲密接吻"，我急得手忙脚乱，却又不敢轻举妄动，只好大呼救兵。爸爸听到笑声从房间里跑了出来，他看到之后笑得眼泪都出来了，然后他小心地帮我撕掉脸上的春联，你还别说，粘得还真够结实的。

　　好不容易贴完春联，我和外公开始装扮我家院子里的橘子树——给它挂红灯笼。站上梯子后，我小心翼翼地把一串串红灯笼挂在了树枝上，绿绿的树枝间点缀着红红的灯笼，让我的家顿时焕然一新。我看着这红红的灯笼，心里可高兴了——因为它寓意着我们家来年红红火火。

　　春节趣事真多啊！它不仅让我得到机会贴了春联挂了灯笼，还让我有了巨大的成就感，心里美滋滋的。

假如只有三天光明

美国作家海伦·凯勒曾说过："假如给我三天光明，第一天，我想看人，第二天，我想看日出。第三天，我还有太多的东西需要去看。"有时，我也在想：假如我只有三天光明，我将怎样安排呢?

第一天，我要去看美丽的风景。我要爬上那高耸入云的山巅，一览众山小；我要脱下鞋子，挽起裤腿，在清澈见底的小溪里打水仗；我还要看那姹紫嫣红的花朵、"飞流直下三千尺"的瀑布，将所有美景尽收眼底。我要看日出，看太阳喷薄而出时的壮观；看日落，享受"夕阳无限好，只是近黄昏"的那份悠闲；晚上，我们还可以举行一场盛大的晚会，我可以和伙伴们玩得不亦乐乎。

第二天，我想陪伴在亲人身边，特别是爸爸妈妈。看看他们额头上的皱纹；摸摸他们因为工作而粗糙的手；听听他们童年时发生的可笑的故事。我要和爸爸妈妈一起翻看全家的照片，这是我最珍贵的记忆。刚出生时，我是一个肉嘟嘟的小不点，在妈妈的怀抱里好奇地张望着这个世界；周岁了，我骑在爸爸的肩头快乐地一蹦一跳，爸爸是大山，爸爸是我最坚实的依靠；上学第一天，我背着心爱的小书包牵着爸爸妈妈的手一起走入校园。还有太多数也数不清的照片，记录了我成长的点点滴滴，承载着爸爸妈妈对我的深情厚爱。

第三天，我要回到学校，再看一眼美丽的校园。操场上、篮球架下，有我奔跑的身影，青春在这里绽放。黑板上是老师写下的密密麻麻的板书，今天我要把它们全记下来，还有那张小课桌，我也要再仔细看一看，它见证了我埋头苦读的努力。走出校园，我要去图书馆，最后一天，我要把以前没时间看的书都补上：四大名著、小说集、《十万个为什么》……太多太多，我要把它们留在我的脑子里。人们都说"腹有诗书气自华"，上天可以夺走我的双眼，却永远带不走我的心。

到了傍晚，我知道我的世界马上要变成漆黑了，但我并不悲伤。因为在这三天里，我看到了世上最美好的东西，感受到了生活的美好。我是不幸的，因为从此以后我将看不见间万物，但我又是幸运的，因为我的生命还在。虽然我眼前一片漆黑，但我的心却永远光明。

坚持的喜悦

天灰蒙蒙的，犹如被一顶巨大的帷帐笼罩着，一朵朵黑压压的乌云带来了凄冷的风，天空仿佛随时会下起雨来。可就在这一天，我和爸爸妈妈开启了我们攀登香炉峰的"英雄之旅"。

站在香炉峰脚下向上望，是蜿蜒无尽的台阶，山峰高耸入云，可这并没有把我吓倒。一开始，我信心满满，三步并作两步地句山顶冲去，就像一只活泼可爱的小兔子。可风如同一枚锋利又寒冷的刀片，割痛了我的脸，阻挡着我前进的步伐。天空中飘起了丝丝小雨，一点一点地浇灭了我心头的激情。平时10分钟就能登上的小亭子，现在在我眼里却变得那么遥不可及。每登上一个台阶都是那么的费力。我的额头上慢慢渗透出汗水，脚步渐渐变沉重了，兴致也不再那么高了。

"小朋友，加油哦！我和你比一比，看咱们谁先到山顶？"一个洪亮的声音在我耳边响起。我转身一看，原来是个六七十岁的老爷爷，他弯着腰，拄着拐杖，在风雨中一步一步地艰难地攀登，雨水顺着他的雨衣流到了脸颊上，可他却仍然面带笑容。这笑容仿佛有一种神奇的魔力，让我的信心重新爆发，犹如千万只蚂蚁啃咬着我的心。"我要坚持！"一个声音在心底呐喊。

我继续向山顶冲刺，由于路滑，由于疲惫，山路变得更加崎岖，我走走停停，好几次差点摔倒。我已经大汗淋漓，腿也软了，

背也痛了，太累太辛苦了。"放弃吧。"一个声音在哀求着，越下越大的雨让我的视线变得模糊。"欲穷千里目，更上一层楼，不登顶怎么能看到最美的风景呢？"另一个声音在心底为我打气。爸爸妈妈仿佛看出了我的心思，牵起了我的手，那手给了我坚持的信念、攀登的勇气。近了，近了，山顶就在我眼前，我用力一咬牙，发出一阵低沉的嘶吼，飞一样地向山顶冲去，终于，我登顶了。

雨依旧下着，风依旧刮着，风雨中的山顶景色如此迷人，空气如此清新。那些缠绕在半山腰上的云雾就像一条条丝带，我俯视周围，山峰高低不平，树木郁郁葱葱，远处的高楼大厦在雨雾中若隐若现。"会当凌绝顶，一览众山小"，豪迈之情油然而生，我脸上露出了灿烂的笑容，情不自禁地跳了起来，我为这不同于平常的美景欢呼，更为自己的坚持喝彩。

"坚持就是胜利"，这句经常被我们挂在嘴边的话说起来如此轻松，可做起来真不容易啊！今天，我真正体会到了这句话的含义。我永远不会忘记一个勇敢的少年在风雨中执着地攀登着，沉重的脚步始终没有停止过……

今天我当家

盼啊！盼啊！终于盼到了星期天。这可是一个特殊的日子，因为之前我和妈妈约定过，星期天我当家。虽然我知道当家很辛苦，但我依然想感受一下爸爸妈妈每天的不容易。

早上6:30，床上的闹铃惊醒了我。虽然我很想再睡一会儿，可是一想到和妈妈的约定，我一骨碌儿起了床，来到楼下，一边刷牙洗脸，一边寻思着美好的一天就从给妈妈煮意大利面开始吧！

意大利面和我们平时吃的阳春面不同，它黄黄的，特别的脆而硬，所以我拿它的时候特别小心，怕一用力就会折断。我回忆着以前妈妈煮面的步骤：先小心翼翼地倒了许多热水在锅里，接着盖上锅盖，开始加热。不一会儿，水就开始咕噜咕噜地冒起泡，我不停翻动着勺子，水面立刻翻滚起来。接着，我放了一小勺盐在沸腾的水里，不停地搅拌，让它溶解，因为妈妈说过放食盐可以让面条更有弹性。接着，我把意大利面放进了水已沸腾的锅里，"放入一把""少了""再加两根"，我喃喃自语。一根根意大利面好像一群大个子宝宝，不得不弯腰躺进"摇篮"里，慢慢地，刚才还挺直腰板的"士兵"们，一个个变柔软了，弯下腰来，贴着锅沿，就像躺在妈妈怀里的小宝宝。我刚想盖上锅盖，突然又想起妈妈对我说过的话："煮意大利面时，不能盖上锅盖，否则水会溢出来的。"我只好放下锅盖，在一旁等候。将意大利面煮熟很耗时，需要10分钟，每隔几分钟我都会搅拌几下，怕它粘锅。时间一分一秒地流逝，眨眼间10分钟过去了，一根根意大利面变得金黄剔透，我把它们倒入漏斗里，沥干水分。

接下来要完成做意大利面的最关键的一步了——拌面酱。我打开瓶子，"哗"的一下，半瓶面酱被我倒入了锅里，就像红色的"雨"从天而降。我把煤气灶调到小火，慢慢地把面酱加热，等它冒出丝丝热气，我再把沥干的意大利面倒进去。金黄的面条遇到鲜红的面酱，就像老朋友重逢一样，紧紧拥抱在一起，跳起热烈的舞蹈来。

出锅了！屋子里顿时弥漫着一股让人垂涎欲滴的香味。

当妈妈起床时，看见桌上香喷喷的意大利面，十分惊讶，说道："我家的宝贝这么能干了！会给妈妈做意大利面了！"妈妈迫不及待地端起面条吃了起来，边吃边不停地称赞："太好吃了！味道比必胜客的大厨做的都好吃！"我听了，心里像吃了蜜一样甜。看来，我的努力没有白费。一天下来，我已十分疲倦，我终于体会到了爸爸妈妈每天的辛苦。爸爸妈妈，我爱你们！我长大了，可以帮你们做更多的家务了！愿你们平平安安，健健康康！

快乐的国庆节

盼啊！盼啊！终于盼到了国庆假期。我们"青苹果"小队的同学们早就约好了，要一起过一个愉快的节日。

10月2日，同学们相约去铁血训练基地野餐和玩CS。

中午我们来到基地，穿过一片绿绿的草坪，看见六口大灶整齐地排成一排，就像六个小战士排着整齐的队伍来迎接我们呢！

桌子上已放满了食材，有茄子，有南瓜，还有玉米，天下没有免费的午餐，想要在中午美餐一顿，就需要妈妈们和我们一起合作。

说干就干，同学们忙碌了起来，我负责打蛋，我想打蛋是最简单的事情了吧！只要把蛋往碗边轻轻一磕，再轻轻一掰，蛋黄和蛋清就顺势滑进碗里。可我敲了一下后，鸡蛋好像一块石头一样完好无损，我用力一磕，"啪"的一声鸡蛋壳破了，蛋黄和蛋清流到了桌子上。妈妈见状，走了过来，说道："打蛋时只需轻轻一磕，接着用盆去接住，蛋清和蛋黄就落进去了。"我又试了一个鸡蛋，果然，这次鸡蛋安然无恙。倪昊负责剁肉，他先把一大块肉切成一小颗一小颗的，然后双手握住刀柄，使出浑身的劲儿，快速地把肉粒剁成肉泥；何舒扬负责洗菜，水花溅起弄湿了他的衣服……把菜洗干净后，就轮到大厨——妈妈们大显身手了。何舒扬妈妈将油倒进锅里，锅"吱吱"地冒出油烟，等锅烧热了，就将鸡块倒了进去，翻炒一阵之后，再倒入生姜、葱花、酱油、老酒，顿时，一阵阵香味扑鼻而来，馋得我们"口水直流"，红烧鲫鱼、番茄炒蛋……一盘盘可口的菜肴，我们以风卷残云之势一扫而光。

吃完午餐，就到了同学们期盼已久的CS时间。

首先我们看到两位高大魁梧的教练走了过来，他们的眼里充满了威严，走着标准的齐步，好像两位打了胜仗的将军。他们将迷彩服递给了我们，我们快速换上衣服，突然，我听见了一个狙怯的声音："我的衣服呢？"低头一看，原来是小天天，他把捡凑近教练，一副渴望的模样，教练说："孩子，这是我们这儿最小的衣服了，你去试试看。"可衣服穿在小天天身上，就像一条长裙，逗得我们哈哈大笑。

战斗开始了。我们手持着枪，冲锋上阵，杜启帆排在最前面，趁教练不备，快速跑到他面前，"砰砰"两声，教练还没回过神来，两条"命"就没有了。我们旗开得胜，高兴得手舞足蹈。

这可把何舒扬给激怒了，他找了一个隐蔽的地方躲了起来，偷偷地探出半个脑袋，找准时机朝着杜启帆后背连续开火，杜启帆赶紧撤退，望着自己的枪，心里想："怎么会呢？我怎么这么不小心呢？"突然间，我发现了一条通往何舒扬藏身之处的秘密小道，我们三个人制订了一个战略，由杜启帆和倪昊从正面进攻，吸引他们的火力，我则从这条秘密小道绕到他们背后，打他们一个措手不及。这一招果然有效，我和战友们来了个前后夹击，将他们打得落花流水。

夕阳西下，CS大战结束了，我们恋恋不舍地离开了基地，希望下次还有机会再来！

快乐的中秋节

"人有悲欢离合，月有阴晴圆缺，此事古难全。"我想用这句古诗来形容今年的中秋节最恰当不过了。一场台风不知把月亮婆婆带到哪里去了，窗外只能听到滴滴答答的雨声。虽然今年是一个没有月亮的中秋节，但我们全家依然过得很热闹、很开心。

"开饭喽，开饭喽！"天刚黑，餐厅里就传来了外婆的喊声，

餐桌上摆满了又香又辣的烤鸭、味道鲜美的清蒸鲤鱼、清爽的白菜汤、爽口的青椒肉丝、令人回味无穷的回锅肉……光看那花花绿绿的菜，就让人口水直流，我停在空中的筷子不知道该对哪道菜"下手"才好。

吃过晚饭，就是我们的传统仪式——"祭拜月亮婆婆"。外婆拿出了香甜的水果，有红彤彤、晶莹剔透的大柿子，仿佛轻轻一碰就会流出甜甜的汁水；有黄澄澄、圆滚滚的南瓜；有翠绿的表面布满小绒毛的猕猴桃；有皮薄汁多的石榴，圆圆的、白色粉色相间，就像一个笑哈哈的娃娃……祭拜月亮婆婆怎么可以少了月饼呢？桌子中间放着一个大大的月饼，金黄的表皮里裹着桃仁、瓜子……外婆点了蜡烛和香，我向月亮婆婆拜了三拜，希望她保佑我们全家身体健康、平平安安。转眼间已是八点整，是看中秋晚会的时间了。我迫不及待地打开电视机，等待着表演。突然，夜幕下的西安展现在了我的面前。哇！到处灯火辉煌，流光溢彩，仿佛我就置身于这美丽而舒适的地方。

中秋晚会的节目十分精彩。有唱歌、舞蹈、戏曲……我最喜欢的就是《梦回唐朝》，听着歌声，我仿佛来到了唐朝，繁华的长安街上人群熙熙攘攘，家家户户欢度中秋，一副盛世太平的样子……

忽然，爸爸对我们说："这样看电视太没意思了，我们来玩个游戏好不好？"我和妈妈异口同声地说："好啊！"爸爸说："今天是中秋节，现在我们每人来讲一句带有'月'的诗。"我沉思片刻，说道："举头望明月，低头思故乡。"妈妈当然不甘示弱，对答说："露从今夜白，月是故乡明。"强中自有强中手，爸爸脱口而出："小时不识月，呼作白玉盘。"妈妈见局势不妙，自然奋勇迎致："明月松间照，清泉石上流。"一旁的我绞尽脑汁，可是越急越想不出来，怎么办？嘿！有了，抬头看见桌上的月饼，我急忙说："月饼越来越好看，日子越过越幸福。"……家里传来哈哈的大笑声。

"海上生明月，天涯共此时"，我想今晚的月亮不是挂在天上，而是在每一个中华儿女的心里。窗外的雨依然滴滴答答下个不停，可在我心里，它却变成了一首美妙的乐曲，伴随着我的笑声，流淌在我们全家人的心里！

老照片的故事

翻开语文书，一张抗日战争时期的老照片映入我的眼帘。那是1937年8月28日，日本侵略者轰炸上海火车南站时被记者拍下的真实情景。

照片上只有黑白两种颜色，坍塌的桥梁，断裂的铁轨，只剩下残垣断壁的候车室，破烂不堪的站台，这些都清晰地展现在我们的眼前。我久久凝视着这张照片，仿佛穿越时空，来到了那个战火纷飞的年代。

那是一个风和日丽的早晨，上海火车南站像以往一样繁忙喧闹，人潮涌动，候车室里一派热闹的景象：有老人在翘首祈盼着列车快点到站，让自己和家人早点团聚；有卖杂货的伙计推着小货车不停地吆喝："买冰糖葫芦吗？"有小朋友蹦蹦跳跳地穿梭在父母中间，欢声笑语充满了候车室。

可又有谁知道，一场灾难正在向大家逼近。

突然，从远处传来一阵阵飞机的轰鸣声，近了，近了，人们开始骚动起来。"日本鬼子的飞机来了，快逃啊！"听了这句话，有的人连滚带爬地朝大门口冲去，有的人惊慌失措地大叫着，有的小孩还在哭泣，候车室里乱作一团。还是太晚了，日本鬼子的炸弹如同雨点似的落进了候车室，只听见"轰隆"一声，炸弹在人群中炸开了花。在浓烟烈火中，南站变成了一堆废墟，变成了人间地狱，尸横遍野，一股股浓烈的硝烟和刺鼻的血腥味弥漫在城市的上空。

　　时间一分一秒地过去了，整个车站似乎安静了下来。突然，一个孩子的哭喊声打破了这份寂静。这是一个三四岁的孩子，坐在被轰炸后完全变形的铁轨上，衣衫褴褛，全身上下布满了鲜血。他光着两条腿，无助而茫然地看着这一切。他感到恐惧，他想找到他的爸爸、妈妈带他回家，可四周都是遇难者的尸体。他的两只小手紧紧攥在一起，张大了嘴巴，撕心裂肺地哭喊着："爸爸，妈妈，你们在哪儿？"他的妈妈在不远处，静静地躺在地上，男孩是幸运的，是妈妈用自己的身体作掩护，让他活了下来。可他又是那么的不幸，没有了疼爱他的父母，没有了温馨的家庭，可恶的战争让他成了孤儿。

　　战争，让母亲失去了儿子，让妻子失去了丈夫，让孩子失去父亲。战争是多么残酷啊！我们要铭记历史，勿忘国耻，做一个为中华之崛起而读书的人。我们渴望和平，祈盼和平，让"和平之花"开满世间的每一个角落……

妈妈，我想对您说

　　"慈母手中线，游子身上衣。"在我很小的时候，妈妈就教会我念这首诗，可那时我并不懂这诗的意思，只觉得一边搂着妈妈的肩膀一边听妈妈细声细语地说着，那感觉好温暖。渐渐地，我长大了，知道了这是一首赞颂母爱的千古绝唱，也体会到了诗句的真正含义——子女们有着像小草一般微小的孝心，怎么报答得了母亲那像三春阳光一般的恩情呢？

　　妈妈，你还记得吗？那天，我去参加"走美杯"奥数竞赛，刚入场时，我信心满满，可成绩却让人大跌眼镜。回家后，我把房门关上，趴在桌上，任凭泪水"吧嗒吧嗒"地打湿我的试卷，数字濡湿开来……我不甘，居然把"502"抄成了"520"，导致整题全错，我真希望老师可以重新发一张试卷让我考，我一定会考出自己理想的成绩。就在这时，您来到了我身旁，拍着我的肩，对我说："不要灰心，下次继续努力。"您的话给了我鼓励，让我鼓起勇气再一次参加了决赛。决赛前，我特地复习了所有可能考到的知识点，做到"万事俱备，只欠东风"。终于，决赛到了。那天，我不敢再当个"小马虎"，变得十分谨慎。当成绩出来后，我考了115分，顿时心花怒放，不仅为自己取得好成绩而开心，更为我的复习没白费而感到高兴。回到家后，您也十分开心，脸上笑得似乎比我还灿烂，一边又继续鼓励我保持下去。您的话至今让我刻骨铭心。

妈妈，您还记得吗？那天晚上，您发烧了，四肢无力地躺在床上，看着您那副难受的样子，我心里不禁想着：但愿妈妈的病赶快好起来，明天早晨我要自己做早饭，不要让妈妈操心。可第二天早晨，我一起床，就闻到一股香喷喷的味道，原来妈妈给我做了我最爱吃的烤饺。我以为您的病好了，可一摸您额头，却还是滚烫滚烫的，豆大的汗珠从您的额头流下。吃着烤饺，我心里总有一股酸酸的味道。"傻孩子，妈妈没事儿。你正是长身体的时候，早餐一定要吃好！"那时，我觉得我是世界上最幸福的人。

妈妈的爱犹如春日里的一缕阳光，给了我温暖；犹如沙漠中的一股甘泉，给了我希望；犹如大海里的一盏明灯，为我指引方向。妈妈，今天我想大声对您说："我爱您！"

美丽的鼓浪屿

在祖国的东南沿海，镶嵌着一颗璀璨的明珠——鼓浪屿。它的美丽让我心驰神往。今年寒假，爸爸妈妈终于带我来到了这里。

一下动车，一股暖流扑面而来，这里阳光灿烂，如同温暖的春天。卸下身上厚厚的冬装，顿时感觉轻松、舒畅。

鼓浪屿是一座小岛，我们需要坐着游船登岛。海面上一艘艘

轮船快艇、一只只游船穿梭往来，一片繁忙的景象。明媚的阳光透过云层洒在海面上，波光粼粼，像是镀了一层金子。一阵海风吹过海面，掀起阵阵波浪，一层一层的。偶尔有几只海鸥在水面上轻盈地飞过，像是在和我们打招呼。在汽笛声中，我们的船靠岸了。

走下游船，第一眼看到的就是钢琴码头。它的造型就像一架三角钢琴，我想钢琴码头就是因此而得名的吧！白色的琴身融入蓝天白云间，码头与大海浑然一体，这就是建筑师的独具匠心吧！

沿着岛上的小路我们一直往里走，一派南国风光就在眼前。有宛如太阳伞的椰树、高雅华贵的杜鹃花、香气扑鼻的茶花、娇艳动人的美人莲，特别是那棵苍劲挺拔的大榕树，垂下的树须如千百个龙爪伸进地里。街道两旁都是枝繁叶茂的树木，树叶绿得透出光来。粉红色的小花簇拥着，像一双双小眼睛，一眨一眨地闪耀着。

走在岛上，没有车辆，没有喧闹，仿佛来到世外桃源。置身于花的海洋、树的世界，我顿时觉得神清气爽。

漫步鼓浪屿，我的眼前突然出现了一望无际的大海。极目远眺，沙滩、蓝天、大海连成一片，我仿佛来到世界的尽头。海岸边的礁石巨大无比，形态各异，遍布蜂窝状的斑点，成了小蟹最好的家。这些礁石就像忠诚的卫士，日夜守护着鼓浪屿。我迫不及待地脱掉鞋袜，快乐的心情随着风儿一起飞上蓝天。

我爱鼓浪屿，它以其独特的魅力吸引着我。我更爱祖国大好河山，等我长大了，我要用自己的知识把祖国建设得更加繁荣富强。

窗外的那一棵树

窗外，有一棵树，是那样显眼。随着四季更迭，那棵树的模样也发生着翻天覆地的变化。

春天，万物复苏。和煦的春风吹在人们的脸上，沁人心脾。小树也抽出了绿色的芽儿，那种绿是多么的嫩啊！真是翠色欲滴，小树旁边，小草从地上探出了脑袋，正望着这五彩缤纷的世界。小溪唱着歌从远处奔来。凉凉的河水，使人感觉十分舒服。放眼望去，一派生机勃勃、春意盎然的景象。

夏天，小树的树叶更加茂盛了，在阳光的照耀下熠熠生辉。天气变得更加炎热，有些小草被晒蔫了。比起春天，夏天更为肆意。我也耐不住这炎热，就索性待在家里，不出来了。可窗外那棵小树却挺拔地立着，好像一名战士，守护者我们这个家。

秋天，小树的叶子枯黄了，一片一片地从树上掉落下来，给大地铺上了一层金色的地毯。秋风瑟瑟，扑面而来的是一阵凄凉。我望着小树，看着枯黄的树叶一片片落下，看着树叶随着风的吹拂摆动，我知道，一年快过完了。

冬天，白雪皑皑，到处银装素裹，雪覆盖了整棵小树。小树只剩几根树枝了，一片叶子都没了。它就这样在风雪中立着，等待第二年春天的到来。

春天过去，夏天过去，秋天过去，冬天也过去了，这就意味着一年过去了。窗外的小树渐渐长大，越长越高，而我也渐渐长大了。

窗外的小树，让我明白：在成长的路上，一定会遇上困难。无论是被白雪覆盖还是被风刮走了所有的叶子，只有克服困难，才能迎来新的明天！

"凌波仙子"——水仙

水仙，又名"凌波仙子"，可谓名副其实。

它由块茎、根茎和花朵三部分组成。块茎中含有石蒜碱，有毒。

块茎下面有着一根根好似老爷爷白胡须的触须。听说它们还会受到水的影响呢！水越多，那它们就会长得越长，一般情况下不过4~5厘米。

根茎的用途可大了，它可以给上端的花瓣输送养料。同时，它对花瓣起支撑作用，就好比建造大楼时的地基，有撑起整幢大楼的作用。

最上面的是花朵，可谓是最美丽的部分。在杂乱的根茎中，花朵零零碎碎地分布着，点缀着整盆水仙。

从远处望，水仙花好像一位亭亭玉立的少女；从近处看，水仙花更像一位眉目清秀的小姑娘，一朵朵黄色的花瓣则是小姑娘的发卡。

水仙花不仅十分美丽，还有着许多作用呢。

它的花可以净化空气，让空气变得更加清新。当然，摆几盆水仙在家里，还可以美化居室呢！闻着水仙花发出的淡淡花香，真是沁人心脾。

水仙花具有许多良好的品格。它寓意着我们要清白地、光明正大地做人，而且它只知奉献，不知索取，这种精神是令人深深佩服的。

"岁华摇落物萧然，一种清绝可怜。"水仙花具有许多别的花不具有的品质。在我眼中，水仙花是最芳香扑鼻的，也是最让我深深迷恋的。

我爱你，水仙！

温暖的旅程

一本本书页已发黄的中外名著摆放在我的书柜里。伴着我从幼儿园到小学的漫漫长路，一路走来，这真是一趟温暖的旅程。

最初，我读的是《小红帽》绘本。书中标注着拼音，大概只有10来页。依稀记得,当时妈妈坐在我身边,耐心地和我一起阅读,一遇到看不懂的地方我会及时地请教妈妈,妈妈也会详细地为我讲解。慢慢地,我学会一个人独自看书了,时间也在飞快地流逝着,很快,我就要升入小学了。

小学1~3年级,我都在阅读一些童话类书籍,如:《查理和巧克力工厂》《长袜子皮皮》……我已经记不清了。但令我印象最深刻的还是罗尔德·达尔的作品了,他的语句虽然很华丽,却很贴近我们日常的生活,读了让人觉得颇有一番滋味。

现在,我已经是一名小学5年级的学生了,阅读范围也变得更加广泛。东野圭吾的《白夜行》《嫌疑人X的献身》……老舍先生的《骆驼祥子》《四世同堂》……都深深吸引着我。特别是由日本推理小说作家东野圭吾所写的《新参者》,其故事情节真可谓是一波三折,惊心动魄。

书,伴我走过了温暖的旅程,为我的人生带来了快乐。

学琴,真的不容易

52个白键,36个黑键,组成了一架普通的钢琴。这架钢琴,已经陪了我整整5年。它记录着我的悲伤、快乐、郁闷以及种种烦恼。

5年的艰难学琴经历,好比一条漫漫长路。现在回首遥望,不禁发出感叹:学琴,真的不容易!

从6岁起,我开始学习钢琴。一个音、一串调、一首曲,通过我那稚嫩的小手演绎。妈妈特地为我在琴行里找了专门的钢琴老师来教我。从《爷爷的大钟》的8个"哆"开始,到现在的《D大调奏鸣曲》,这两首曲子真是天差地别啊!现在,我正准备考十级。没有真正学会弹钢琴的人是不能体会到其中的艰辛的。

弹琴是一门枯燥的艺术,从8岁起我就明白了。那时我正准备考六级。那曲子的升降记号是那样的错综复杂，再加上曲谱共有6页，厌恶之情顿时涌上心头。我的手仿佛也在说："太难了，放弃吧！"那一刻，可能是最煎熬的时刻。我正处于两难之地，又想放弃，又想坚持下来考过六级。最后，我还是狠了狠心，坚持下来了，不管琴谱有多复杂，不管曲子有多长，我都能努力练好。

可就在去年，我又想放弃了。由于我准备考九级，而且这个级别也是相当高，想要考过相当难。于是妈妈就给我请了一个陪练，顺便给我指出一些音与节奏方面的问题，并及时纠正。关键是，从星期一到星期日我每天晚上都要苦练2小时，从晚上7:30到晚上9:30，这简直就是疯狂。可我又不敢向老师提出意见把时间缩短，所以只好硬着头皮弹上两小时。

现在我准备考十级了。啊！弹琴，是枯燥而又乏味的，弹琴，真的不容易！

我有属于我的光芒

特长，每个人都有，它就是每个人身上闪烁的光芒。

从四年级开始，我接触了篮球这一运动项目。到现在为止，我对于它的看法全然没有发生改变：就一个字——苦。

运球是打篮球的基本功。我还清楚地记得，第一节课老师教我们的就是运球。那时老师说："手与篮球不能'打'在一起，而是要靠手把球牢牢控制住，不能让它给跑了……"我还不懂什么叫"打"在一起，就拼命用手拍着球。再看看别人运球，实在是太轻松了。怎么回事呢？我心想。哎，反正老师不会发现的，忍着痛吧！我又转念一想。于是，我就这样艰难——不，应该是痛苦地上完了第一堂课。当我抬起手来时，手通红通红的，像在火上烤过似的。

不行，这样下去肯定学不好篮球。我在回家的路上，默默想着。

　　回到家后，我把自己的经历告诉了妈妈。妈妈笑着拿起球，走到外面，示范给我看。原来我的运球方法就是老师所说的手与球"打"在一起啊！我不好意思地挠了挠头。

　　投篮在篮球训练中算是一块难啃的硬骨头。

　　初学时，我站在篮筐底下，按照老师的方法，两只手呈八字形抱住篮球，然后用力一投。可是，篮球并未像我想象中的那样乖巧，它连篮筐边都没碰到，就掉了下来。可能是没用力吧。我自我安慰道。

　　可连续投了几个后，我觉得不对劲了。

　　距离这么近，投了10次，竟还没投中1个。

　　这下我可有点生气了。我使劲往上一扔，可篮球好像在和我对着干似的，往我脸上砸来。我急忙一闪，才幸运地避开。

　　然后，我变得冷静一些了，开始思考这是怎么回事。

　　后来我才明白，一切都是站位在捣蛋。投篮时应站在篮筐右侧或左侧，这样命中率就会在90%以上。

　　按照这种做法，我果真投中了。

　　这是我投中的第一颗球，也是最令我记忆犹新的一颗球。

　　经历了种种坎坷后，现在的我，已经是全新的我了。投篮的能力变强了，球在手中也越来越稳了……

　　篮球，是属于我的光芒！

挫折，让我更自信

　　泪水打湿了考卷，望着上面那一个个叉，后悔涌上心头。

　　当初为什么不多检查一会儿呢？为什么偏偏要坐在那儿发呆呢？我不停地责备自己。

　　妈妈走了进来，端坐在我面前。可在我眼中，她让我不禁有了几分恐惧感。我知道，厄运降临了。

"这次考试你在干吗？态度这么不端正。"

"没有……"我辩解道。

……

一个小时后，房门总算开了。我快快地走出房间，偶然间看见了放在窗台上的一盆盆花儿。哼！一点儿也不漂亮！我向着花儿撒气。

从那以后，我下定决心：认真复习，脚踏实地地学习，这样就一定能取得好成绩。

我一直期盼着下一次考试，希望可以证明我的实力。

"明天将要进行第三单元考试，请大家认真复习，争取得到好成绩！"原本这话听得我耳朵都要起茧了，可是这次例外，得知这个消息，我兴奋不已，知道时机到了。

第二天，一大早就进行了考试。考场上悄无声息，我只能听到自己的心怦怦跳动的声音。

"收卷！"随着一声命令，考试结束了。我放下笔，轻松地舒展了一下胳膊。这次我胜券在握！我心里默默地想。

果然，次日早晨，放在我桌上的是一张99分的考卷，唯独作文被扣了一分，其他的题全部正确。

我心花怒放，心中多了几分自信，知道自己有十足的实力。

回到家，我把试卷"啪"地往桌上一扔，全家人都围过来了。

"这次不错嘛！"

"以后要再接再厉！"

"不愧是我的好儿子！"

……

全家人都对我赞不绝口，我也有点飘飘然了。

回房间时，我又看见了放在阳台上的花儿。嘿！我不禁觉得那朵花儿真是人间绝美。

在以后的几次考试中，我肩负着全家人对我的希望，一次比一次努力，一次比一次优秀。

那朵花，就是我心中的一朵自信之花，永远盛开，永远美丽，必将在我心中绽放，更加光彩夺目！

奕菡

KAN DAO SHI JIE DE GUANG

篇

四年级作文

真的不容易

我是一抔泥土，堆在手工艺人的园子里，但是几天前，我被那个手艺人烧制成一件光滑鲜丽却不奢侈的青花瓷，送给了一个名叫朱重八的人。

这位朱重八已是一位副将，偶然的一次机会，我听到他和一群将军正在商议着："元军越来越过分，百姓们没有粮食，只能四处逃荒，朱将军，依您之见，该如何？"朱重八大手一挥，大声说道："既然他们无情，那我们就造反了！"旁边的将军们群情激愤，点头同意。

战争打响了，与我同来的瓷器们尽被元军摔碎，死的死，伤的伤，只有我在女主人马姐姐的保护之下，得以幸存。

但是好景不长，朱重八刚打垮了元军，便要和另一位反元领袖张士诚作战，因是海上交战，老朱和他的部队武器装备不精良，损失惨重，100人里至少有20人死，50人伤。

老朱、马姐姐、将军们日夜商量战事，只因这场战斗十分激烈。

老朱带头，其他的军士们看到自己的领袖都在冲锋陷阵，自己焉能不拼？好男儿的血性爆发了出来，张士诚被打得溃不成军。

老朱顺利坐上了皇位，开创了明朝，马姐姐也坐上了后位。我依旧被摆在天子的寝宫，目睹了老朱的辛酸：马皇后因疾病去世，从这天起，老朱再也没开心地笑过；老朱是个仁君，他对百姓关怀备至，但对官员贪污十分反感；到了晚年，老朱的性情变得十分暴躁，有几次还拿我们瓷器出气，嘴里还念叨着："这些个老匹夫！"过了几年，老朱也寿终正寝了。我耳边已经不再有马姐姐银铃般的笑声，也没有老朱俊朗的洪声，只有一种死亡般的寂静。

我想，经历挫折后，才会更加明朗而坚强吧！老朱经历了那

么多与敌人的战争，才成了明太祖。

　　任何人，被打磨过后，才会光滑吧，这真的不容易。

　　我累了，我也想睡一会儿……

痛苦的别离

　　炙热的阳光烤着大地，我和怡各拎着一只行李箱来到了机场……

　　就在前天，怡告诉我她得去新加坡读小学，问我能不能送她登机，听到这话时，我愣了好一会儿，才回过神来，跟怡说了一句："等我一会儿。"我就跑去了我的专属发泄场所——厕所。

　　坐在马桶盖上，我依旧愣着。愣了好久，才开始哭。随手带的一包小纸巾根本不够，不到1分钟就用完了，以至于我把厕所间的所有纸巾悉数用完了，扔入垃圾桶中。

　　怡是我最好的朋友。

　　哭够了，两眼红红地走了出去，带着点儿哭腔，我慢腾腾地回复她："好，我会陪……你……登机……的！"怡看我这样，自己也忍不住，泪眼汪汪地对我说："好……"说完就跑开了。

　　终于等到了这一天，她拎着一个粉色的箱子、一个亮黄色箱子，慢腾腾地向我走来，我故作镇静地对她说："怡，我帮你拎一个箱子吧。""好啊。"就这样，我们人手一个箱子走到了安检口，听到："从杭州萧山机场前往新加坡的飞机开始检票，请抓紧时间登机！"我放下手中的箱子，两行眼泪布满了我的脸颊，脸上已是"滚滚长江东逝水"，泪水在上面嬉戏打闹着，站在对面的怡也是如此。我们紧紧拥抱在一起，久久不能分开，只是任由泪水嬉戏打闹，却不发出一丝声音。正如柳永《雨霖铃》中的"执手相看泪眼，竟无语凝噎。念去去，千里烟波，暮霭沉沉楚天阔。多情自古伤离别，更那堪、冷落清秋节！"

出神时，广播再次响起："从杭州萧山机场前往新加坡的飞机即将起飞，请还没有登机的旅客抓紧时间登机！"

怡头也不回地走了，应该是怕自己再转头就会更加舍不得我吧！

一次别离，竟如此痛苦！

我家的家风——谦和

每个人的记忆深处，都有关于"家风"的片段。家风是勤劳、是淳朴、是谦和、是孝敬、是善良、是礼让……其含义之丰富是很难用语言来表达的。我国古时有"修身齐家治国平天下"之说，"齐家"就说明了家风的重要性。

自小我的爸爸就教导我，做人要知书达理、谦和待人。我的爷爷奶奶也都是谦和之人，只要村里人有事找他们帮忙，一般都不会落空。爷爷奶奶会想尽办法帮助有需要的人，他们待人温和有礼，很少发脾气，就算生气也只是语气重一些而已。

最近，爷爷生病了。村里来看望他的人络绎不绝。我想，这就是他平时对村民谦和友好的回报吧。

爸爸妈妈也是如此。在生活中，他们偶尔会因为一些磕磕碰碰出现拌嘴之类的事情，可他们从不会过分地指责和斥骂对方，这应该是"谦和"在他们心中生根发芽了。

在爷爷奶奶、爸爸妈妈的影响之下，"谦和"在我心中生根发芽，收获了很多的赞扬，"这个小朋友很有礼貌、谦和、有修养"。我想自己之所以会被人夸奖是因为我长期处于一个良好的谦和家庭环境中。

谦和是一种良好的家风，是一种善良平静的性情，是一种柔中带刚的人格。一种美好的品质会在家风的影响下，随着岁月流逝慢慢沉淀成一股暖流，灌溉在每一代人心头。

日记一则

7月1日　星期六　大雨

清晨，阳光轻轻地洒在我的脸上，似乎在向我道着早安，窗外传来悦耳的鸟鸣声，似乎在催促我拥抱美好的早晨，半梦半醒中，我耳边响起了"叮咚、叮咚"的门铃声……

当妈妈把包裹塞进我怀里时，我心情糟透了，不耐烦地说："不要打搅我。"慢慢地我终于睡醒了，当我用小刀划开包裹时，我很惊讶，也很感动，不过更多的是内疚。这份礼物是我偷偷放进妈妈的购物车的，它本是因为这次期末考试，我达到了目标而奖励给自己的。妈妈其实每时每刻都在关心着我，默默为我打气，告诉我不要灰心，支持着我的爱好和兴趣。

我喜欢古诗词，梦想自己带上青瓷花簪的那一刻，真的变成满腹经纶的徐惠、女宰相上官婉儿、一代才女李清照。

刚刚还和妈妈沉浸在互相关爱和喜悦中，外面的天色一沉，随即下起了倾盆大雨，没有过渡，没有铺垫，就这么洒脱地来了。雨点像漫天飞扬的沙子，狂妄地在空中飞舞，树枝摇晃着，似乎一不留神就会被连根拔起。

夏天的雨是短暂的，它来得快，去得也快。不到半个小时，风停了，雨也止了。大地万物经过雨的冲洗呈现出一幅"玉宇澄清万里埃"的景象。我打开窗户，顷刻间一股泥土的清香味扑鼻而来，空气像被过滤了似的，格外清新。

夏雨，你虽然没有妈妈的细腻和温柔，却有狂野和激情，更造就了雨后的彩虹。

傲霜之菊

菊花，没有牡丹的国色天香，没有月季的雍容华贵，没有水仙的洁白高雅，没有桃花的可爱动人，但它有自己坚贞不屈的优秀品质。

菊花有许许多多的品种，如雏菊、除虫菊、黄强大、富贵菊等。它们形状各异、姿态不一、颜色繁多、种类数不胜数，真是惹人喜爱！一朵朵菊花白如润玉、绿如碧石、黄如金子、粉如绣球……让人眼花缭乱，应接不暇。

其中我最喜欢浅绿色的雏菊，它们一朵朵美若天仙，傲霜斗雪。有的昂首挺胸，好像在向人们炫耀自己的美貌；有的躺在被窝里，活像一个害羞的小姑娘在跟我们捉迷藏；有的舒展着胳膊和腿，似乎在做早操；有的埋头苦想，好像在思考问题；有的辫子朝上卷起，像外国女郎的美发，美丽极了！

陶渊明曾说过："采菊东篱下，悠然见南山。"高洁的菊花，与退隐后的大诗人日夜相伴。闻一闻菊花，你会发现它的香味有点儿像艾草；看一看菊花，你会发现它的茎笔直生长，茎上还长着一些白绒似的毛，摸上去舒服极了！如果是在大热天，把菊花捧在手里，你的手上会留下一层浓浓的中药的清香味，沁人心脾。菊花真不愧有"隐逸之士"的雅号！

菊花，你有着坚贞不屈、傲霜斗雪的优秀品质，我喜欢你！

美丽的云

古代诗人纷纷赞美云："卧看满天云不动，不知云与我俱东。""千里黄云白日曛，北风吹雁雪纷纷。""众鸟高飞尽，孤云独去闲。"

如今，我们在不同时间、不同地点，看到的云更是千变万化，

让人应接不暇。

最讨人喜欢、最可爱的，当然是天上的白云，它们被风姑娘吹得又长又淡。有的像温柔可爱的小白兔，有的像凶猛无比的大狮子，还有的像披满鳞片的长龙。倒是那黄山的云海最特殊。雪白的云团总是不停地拥挤着、碰撞着、滚动着，它虽然没有海的蔚蓝，没有海那惊天动地的呼啸，但它有海的浩瀚、海的气势。

我最喜欢的还是那稀有而华丽的火烧云，它是在晚霞余光中形成的炫丽景观。正如它的名字一样，它就像天空释放出的熊熊大火，把蓝天都"烧"成了红色。奇异的是，火烧云虽红，但并不单一，仔细观察，就会发现它的颜色错落有致，橘黄、橘红、紫红、猩红、粉红……使人既不会感觉生硬，也不会认为偏浅，一切都是那么恰到好处，柔和、艳丽，有云的轻柔，也有火的刚直，极为美妙。这让我想到了2016年9月11日傍晚敦煌月牙泉出现的那片火烧云，它是那么绚丽、壮观、奇特，三五成群，片片紧凑，让人们都沉醉在其中。

既让人讨厌，又让人喜欢的，要数黑乎乎的乌云。它会给人们带来雨水，让人们沉浸在一片灰蒙蒙的世界中；可这些雨水也可以滋润万物，使农民伯伯有更丰富的收获，乌云真是善良啊！

啊！云，你是多么美丽！你给人们带来了纯净的白云、美丽的火烧云，这一切都是大自然无与伦比的杰作！

塔山寻宝

金风送爽，丹桂飘香，天高云淡。

哼着欢乐的歌曲，说着悄悄话，一路上我们蹦蹦跳跳，脚步轻飘如燕，浑身轻松自在。进入了一片金色的塔山公园，我们踩着凹凸不平的石板，找到了一块空地，坐了下来，开始愉快地吃零食。

过了不久，我们拍完集体照，拿着资料和铁罐，便要开始这一场有趣的"寻宝之旅"。

我们一步一步爬上陡峭的石板，戴着手套，在一堆树丛中东摸西摸。呀！一颗尖尖的、带着刺的"怪异物体"进入了手掌中，对照资料后我们才知道那是麻栎。

麻栎的身上披着尖尖的"铠甲"，呈坚果卵形或椭圆形，直径1.5~2厘米，高1.7~2.2厘米，顶端为圆形，果脐突起，像一个小刺猬，十分滑稽。

接下来，顺着山路，我们找到了何首乌。它的花序呈圆锥形，长10~20厘米；苞片呈三角卵形，每苞内具有2~4朵花；花梗细弱，长2~3毫米，花呈白色。据《本草纲目》记载："此物气味苦涩，苦补肾，温补肝，能收敛精气。"可见何首乌的作用之强大。我们小心翼翼地把何首乌的花折下放在铁罐中，唯一美中不足的就是没有把果实挖出来，真是遗憾。

虽然没有采摘到何首乌的果实，但我们却找到了"衣服"色彩斑斓、俗称"花姑娘"的斑衣蜡蝉，树皮褐色、喜温暖气候的重阳木，还辨别了香樟树、银杏树、马尾松树的树皮，可谓收获满满。

回家的路上，虽然满头大汗，但我不觉得累，因为我收获了许多新的知识。

难忘的清晨

清风像那透明的荷包，裹住了一缕如丝的阳光，让它不至于从指间溜走，却也能散发出温暖与芬芳。这缕阳光，被我挂在生命的风铃上，随风歌唱。

清晨刚伸了个懒腰，掀开缀满星空的盖被，太阳便按捺不住，悄然苏醒，羞怯地在空中伸出它的金色触手，向世界道着早安。

蛋壳被敲碎，发出"咔咔"的声音。它冒着泡儿，像一颗小太阳，在白色的荷包中，自在地歌唱。妈妈的脸上露出如石的专注，如金的满足，如玉的笑容。那一抹金色耀眼的阳光，悄悄跑入妈妈的半瀑青丝中，似在挖掘母亲的心思：为什么这么专注、满足，笑靥如花？

妈妈自然不会告诉它，只是仔细地盯着锅中的荷包蛋，生怕它没穿上那层薄薄的外衣，焦了，伤了。妈妈的动作像是在绣花，轻轻地、小心翼翼地将锅铲搭在荷包蛋下，一点一点，小心地将蛋抖上锅铲，就如绣花时对着细小的针孔认真地拉线一般。

"尝尝。"妈妈的话像是用心的歌唱，字字句句都像鲜花般美丽。

窗外，清晨那一缕金黄的阳光，显得格外明亮。

那味道，美极了……一种无法用言语表达的味道……

谁都没有错，谁也都有错
——观《我不是药神》有感

苍老的双手上布满了一个个脓毒的疮，冬日的寒风犹如着了魔般呼啸着，慢粒白血病患者一个接着一个倒下……

一个不速之客——由王传君扮演的慢粒白血病患者吕受益的突然到访，打破了印度神油店的老板程勇的平静生活，他从一个交不起房租的印度神油商贩，一跃成为印度仿制药"格列宁"的独家代理商，但是，一场关于救赎的拉锯战也在种种波涛暗涌中慢慢展开。

这部电影中，我认为那个站着说话不腰疼的瑞士公司十分可恶，他们的天价药卖四万一瓶，长年累月，普通老百姓支付不起，只能一命呜呼。剧中老奶奶对曹斌说的那段话是让我感动的泪点，颤巍的声音，微慢的语速，苍老的皮肤无一不在昭示着病魔的威力。当时，我就在想，瑞士诺瓦公司就不能把药价降下来吗？真是狠毒。

我们再来看正义的神油店老板程勇。程勇一开始购买印度"格列宁"是为了赚钱，他的致富之路也由此开始。当看到因为自己把药的渠道给了张长林，而张长林又处处使诈，导致没钱也没药治疗的吕受益，奄奄一息，最后无药可救而死，他幡然悔悟。

自此开始，程勇卖药的目的不再是赚钱，而是救人。他不顾自己亏空，把2000块一瓶的药以500块一瓶的价格出售。他初次卖药，各医院患者代表来买药时，都戴着口罩不愿摘下来，但等他被抓走送监时，路边送行的人都把口罩摘了下来，以表敬意。

这一切，到底是法律的不公还是人性的缺失？是金钱的罪恶还是责任的正义？

其实，我们回头看看瑞士诺瓦公司，它也有说不出的苦衷。

瑞士公司研发格列宁一种药就需要几百亿美金，他们一瓶标价四万人民币也算降到了最低价，可能十几年也赚不回研发的投入本金；但是他们没有关注到百姓们的生死安危，只要一家人中有一个人患上了慢粒白血病，不到一年这个家庭就会被拖垮。

百姓为了活命没有错，瑞士公司为了赚钱亦没有错，谁都没有错！谁也都有错！

"以后别卖假药了，格列宁已经纳入医保了，没人会买了。"

"纳入医保了？哦，那挺好。"

从另一个角度看，你会有不一样的收获。

一张老照片

"轰隆隆"，1937年8月28日，可恶的日军把繁华的上海火车南站炸得面目全非，把它瞬间变成了一片废墟。

断裂的天桥，从上面坠下来的钢铁桥板把正在候车的人们活活压死；扭曲的铁路，使一列行驶过来的火车直奔云霄，最后落到地上，一片狼藉；残破的房屋，满地的碎瓦正在述说着战争的残酷。

一个三岁左右的孩子孤独地坐在这一片废墟之中，衣衫褴褛，正在号啕大哭。我似乎感觉到了他那种无助、恐惧、悲痛的心情。

可能他的爸爸是火车驾驶员，他和妈妈知道爸爸要回来，所以去火车站迎接他。不料，爸爸所驾驶的列车被日军投下的炸弹炸毁了，眼见那沉重的钢铁桥板就要落到小孩头上，妈妈赶紧把小孩往安全的地方使劲儿一推，自己却被埋在了那一片废墟之中。

或许那位记者拍好照片后把小孩带走并抚养成人，或许他被活活饿死在了火车站，或许……这是多么痛苦呀！

我们一定要维护和平，制止战争，让明天的世界真正成为一片充满花和阳光的乐土！

博大精深的唐宋文化
——读《唐宋词十七讲》有感

我向往古人，向往古诗词，因为这使我的内心随之清静。渐渐地，我沉浸在《唐宋词十七讲》中……

李煜是一个极负盛名的人物。因为他的词脍炙人口，妇孺皆知。他与宋徽宗、宋钦宗有着一点相似之处，即在文学领域闪闪发亮，在政治上却不谙世事、腐败无能。或许他们是天生的词人，而不是天生的皇帝。在我看来，他是一个花天酒地、被操控于深宫妇人之手、懦弱胆小没有雄心壮志的南唐皇帝。但他的词，却达到了文学的巅峰，一句"问君能有几多愁？恰似一江春水向东流。"把无限的愁思比喻成绵绵不断的江水，含蓄、婉转地表达了这份亡国之愁。足以盖过整个南唐文坛，成为文学史上的巨星。亡国之痛，被封"违命侯"，不过一刻钟的功夫，皇帝宝座让位于人，身边的黛眉香消玉殒，国库里的金银财宝被洗劫一空……就是在这样的背景之下，李煜的词更加凄凄切切，更上一层楼，但他没有想到复国，只会在牢狱里哭哭啼啼地写这些相思词，博人同情。因为诗词不会由于作者生活的落魄而失去光彩，只会让人读了以后全身血液沸腾！

宋朝年间的辛弃疾却是一个令人称赞的人物。他满腔热血和复国之情却无处施展，便把自己的忧愁全部淋漓尽致地发挥到诗词中。一首《破阵子·为陈同甫赋壮词以寄之》鼓励年轻人参军为国效力，同时也表达了自己壮志未酬的悲愤之情；一首《青玉案·元夕》表达自己壮志未酬，收复中原、赶走金人的梦想始终没有实现，欲补天穹，却恨无路请缨；一首《永遇乐·京口北固亭怀古》更是表达了对宋朝腐败无能的讽刺和自己的雄心与才能无处发挥的忧愁和悲伤，感叹复国无路的失望，凭高望远，抚今追昔。直到临终，他都没有忘记自己的复国之志，连叫三声"杀贼，杀贼，杀贼！"后才走到了生命的尽头。

古人云："诗言志，词言情。"词中字虽少，但是带给我们的含义却是无穷无尽的，唐宋文化真是博大精深！

五年级作文

苍茫戈壁　历史敦煌

王朝旧事如梦。纵使历史的风沙再肆无忌惮，敦煌，那无言而又沉重的背影，却在风沙中渐渐被勾勒清晰……

沙尘狂肆地漫天飞舞，我们骑着骆驼在茫茫戈壁之中行进，来到了敦煌城南的鸣沙山。那是自然利用金黄流沙别出心裁的塑造，而月牙泉处于鸣沙山怀抱之中，酷似一轮弯月，千百年来沙山环泉而不被掩埋，不浊不涸，它们互相融合，成为罕见的奇异景色。

沉睡在鸣沙山旁的莫高窟，是我心中的圣殿。它是一个佛教的艺术宝窟，又名千佛洞，是我国著名的四大石窟之一，莫高窟一共有700多个窟，其中只有400多个窟才是它的精华所在。莫高窟最初的开凿者为前秦的乐尊，其间经过千年连续不断的开凿，使莫高窟成为集各个时代建筑石刻、壁画、彩塑艺术和文化的精华于一体的佛教艺术宝库。

跟随着讲解员的步伐，我们来到了55号洞窟，它建于曹氏归义军晚期，当时中原已进入宋朝。此窟为大型洞窟，在佛坛的中央上塑着一尊大型佛像，是释迦牟尼佛的前身，南侧有一尊小释迦牟尼像和二尊菩萨、一尊天王，北侧有一尊佛像和一尊菩萨像，威风凛凛，仿佛在用力护持佛座，给这庄严的气氛中增加了一丝儿诙谐。三佛塑像为弥勒三会的主题，佛像均倚坐于方形佛床，身体直立而修长，衣纹简约，是敦煌莫高窟的一幅难得的珍品，极为让人赞叹！

走出了55号窟，我们又顺着讲解员的指引来到了藏经洞。藏经洞里曾有5万多卷经书，在这个只有2平方米的地方，曾光辉一时，可因为那愚昧无知的王道士和腐败无能的清政府，五分之四的经书已被英国的斯坦因和法国的伯希和等人掠夺，它们都已远离家乡，漂流到了大英博物馆和法国博物馆等处，留在我国的都是一些最杂最乱的散籍8000多卷，这使我感到了惋惜和痛心！

敦煌，它就是一块神奇的瑰宝，是一条辉煌的艺术长廊，是一部雄壮的历史长卷！

败絮与金玉

"败絮其外，金玉其中。"珍珠蚌就是如此。

珍珠蚌，一位恶心的"金玉"。它的外壳非常硬，敲起来会发出"砰砰砰"的声音，壳上长满了发黑的青苔，像一把扇子，上面有一层一层可以食用的蚌肉。壳上有螺纹形圈，四周都有些突兀。

须臾，我们戴上透明的手套，开始挖掘。已经飞快采摘完珍珠的男同学们异口同声地说："太臭了！"我不信，靠前嗅了一下，果不其然，非常臭，甚至还有一些夹杂在臭味中的腥味！我只好一手捂着鼻子，一手采摘珍珠。人群越来越拥挤，我迅速从壳内摘下一颗带肉的珍珠，回到自己的座位上，仔细观察后，我发现这颗珍珠是米粉色的，四周有美丽的色泽，表面有些凹凸不平，还带着点斑斑驳驳，上面伴着几个小洞。它既像一个被岁月唾弃的老人，又像一颗在太空飞翔的米粉色小星。

放下珠子，一丝清凉滑过指尖……

原来珍珠不仅美观，还有许多作用。例如，它可以用来磨制珍珠粉，有美白容颜之效；可以入药，是名贵的药材；可以做眼药水，用来明目……珍珠这种无私奉献的品质令我感动。它就像鞠躬尽瘁、死而后已的诸葛亮，杜甫就曾赞扬他："出师未捷身先死，长使英雄泪满襟。"

珍珠，你不仅"败絮其外，金玉其中"，而且"出师未捷身先死，长使英雄泪满襟"。我佩服你！

夏之歌

夏，披上了轻纱。

夏，炙烤着大地。

夏，轻拂着人类。

——题记

夏是丰富多彩的。

夏天的风是极为美妙的。晨曦慢慢地露出了小嘴，柔柔地拂在人类的脸庞上，惹人发出"咯咯"的笑声。夏天的风，不像春风姑娘那样温柔，不像秋风妹妹那样实诚，不像冬风爷爷那样一丝不苟。夏天的风，是别具一格的，也是倔强不屈的，颇有那种"天子呼来不上船"的李白的气概。夏天的风，吹起来让人心旷神怡，同时给人带来些许闷热。

这就是夏风。

这时节，尽管有些闷热，荷花却开得正盛。

大中午，顶着头上炙热的太阳来到荷花池边，荷花仙子已穿上仙气十足的唯美婚纱，头上戴着一顶镶有20克拉粉钻的皇冠，飘飘然地，随着夏风小姐一起跳舞，摇曳，发出"沙沙沙"的声音。

荷花有着"出淤泥而不染"的雅号，许多文人墨客对荷花都情有独钟，纷纷献上佳作，以求荷花对他们"回眸一笑"。

风缓缓地在脸庞上嬉戏，荷花在风的印染下，显得更美丽、妖娆，荷花的窈窕身姿，是许多人求之不得的。

风吹过荷花，发出"沙沙沙"的声响。

晚饭过后，夕阳西下，晚霞尽情地在空中舞蹈。青蛙发出"呱呱"的歌唱声，在荷花池中蹦跶。鸟停在树枝上，"叽叽喳喳"地叫个不停，仿佛在对我们说："我们马上就要举办演唱会了，赶紧来观看吧。"蝉"呼呼呼"地叫了起来，好像在说："我好热！

你们热吗？"大人们在树下一边纳凉，一边下棋，说话声滔滔不绝，大人们谈着"该让孩子去哪儿读兴趣班""怎么培养孩子"等一系列话题。小孩子闲来无事，就在村庄里玩捉迷藏，玩得不亦乐乎。

晚霞慢慢落到了山谷中。夜，深了。

人们都入睡了，唯独蝉还在树上"呼呼呼"地说个不停，荷花还在"沙沙沙"地跳舞，青蛙还在荷叶上"呱呱呱"地唱歌蹦跶……

夏之歌，如此美妙！

我得到了珍贵的友谊

晴空万里，阳光灿烂，我和颖上完了科学课，准备去上悦耳老师的课。

打开车门，我和颖看见车上有一位学霸——诺，一看见诺，颖便随口打起招呼："嗨！诺，你要和我们一起去上课吗？""嗯哼。"诺回应道。我紧紧地盯着她旁边黄色的食品盒子，两眼发光，就差直接扑上去吞了，犹如一匹饿狼。自己心想，完了完了，我的吃货本性快要暴露了。

诺见我如此，马上开口，道："这是我为你们买的马卡龙蛋糕，你们打开尝尝吧。"我和颖迫不及待地把包装盒打开，外观美极了！蛋糕下面的部分是黄色的，还带点棕色的松露巧克力；上面是一个白色小球，有些凹凸不平，活像一个白色肉丸子；旁边是一个泡芙，软软绵绵的，上面叠着一个精致小巧的蓝色马卡龙。蛋糕一共有6层，像一个汉堡，简直是perfect！

我和颖仔细观赏着，连句谢谢也不说，直接毫不客气地狼吞虎咽起来。诺看着我们狼吞虎咽的样子，偷偷地捂嘴笑了起来，她一边笑，一边告诉我们："还……还有……椰……子汁，你……们能……不能慢……点吃？"她将椰子汁递了过来。

"呀！"蛋糕掉在我的手指上，我想从书包中拿出餐巾纸，可却碰到了包中的小刀，血慢慢流了出来。我很痛，把嘴唇咬得紫青，却故意把流血的手指放在隐蔽处。

尽管如此，细心的诺还是发现我受伤了，担心地问："菡，你受伤了？"她迅速地从书包中拿出创可贴给我贴上，皱着眉问："现在好点了吗？"我的心田顿时缓缓流过一阵暖流。

"莫愁前路无知己，天下谁人不识君？"朋友是一杯热茶，温暖你的心田；朋友是一杯美酒，醇香你的肺腑；朋友是一股暖流，温暖你的人生。

今日，我得到了友谊！

勇敢地活下去
——读《佐贺的超级阿嬷》有感

云淡风轻。

风缓缓拂过我白皙的脸庞，读着《佐贺的超级阿嬷》，吹着凉丝丝的空调，品着冰爽的奶茶，我感到十分惬意……

广岛原子弹爆炸后，佐贺的父亲去世，因自己无力抚养孩子，母亲将佐贺寄养在贫穷的外婆家。虽然生活极度艰苦，乐观的外婆却总有神奇的办法让日子过下去，让每一天都充满创意、快乐和欢笑！

岁月无情地摧残着她，她是一个身材高挑、白皙典雅的老女人，她总是有许多办法来丰富自己的生活。例如视门前的河为我们家的"超级市场"，用一根木棍拦截上游漂下来的烂菜什么的，加工一下就可以吃了。她还在腰间用绳子挂了一个大磁铁，以便把路边的废铁吸起来，这样既可以赚钱，又能保护环境，岂不是"一石二鸟之计"？她就是佐贺的阿嬷，我最喜欢的人物。

细细地品完这本书，我深有感触。我们班级里有一个女生，

家境贫困，她是一个聋人，她叫欣。

学期开始的时候，班主任请我们班49名同学及父母吃了一顿饭。因为欣是聋人，所以老师特别照顾她，就对大家说："谁愿意和欣坐？"

全场鸦雀无声。

女生不语，低头玩弄着自己的裙摆；男生坐在树下，看着自己的同伴，没有人想和欣坐。

欣看到这幅景象，出人意料，她没哭。她只是让她妈妈和她一起坐下，对同学们露出黄色的虎牙，一笑而过。

从此以后，欣努力学习，交到了许多的益友和知己。几乎每个人都是她的好友，女生有喜欢的东西，都会和她一起分享，男生要去跑步，都会带上她。她认真对待老师的作业，上课积极回答问题，几乎每次考试都是前5名；她天天跑步，从不间断，成了显赫一时的"体育女将"。她成了万众瞩目的一颗闪亮的明星！

或许人生本来就是不公平的。就算你是个不幸的人，你也要勇敢地走下去，凭借自己的努力，让生活充满快乐和幸福。

斗智斗勇的动乱时代
——读《三国演义》有感

"滚滚长江东逝水，浪花淘尽英雄。是非成败转头空。青山依旧在，几度夕阳红。白发渔樵江渚上，惯看秋月春风。一壶浊酒喜相逢。古今多少事，都付笑谈中。"这首《临江仙》气势磅礴，乃一代文坛巨匠杨慎所作，脍炙人口。

《三国演义》讲述了东汉末年至西晋统一期间发生的一系列事情。里面刻画了有着丹凤眼、卧蚕眉的关羽，呕心沥血、有勇有谋的诸葛亮，待民如子的刘备，被人们称为"治世之能臣，乱世之奸雄"的曹操，野心勃勃的司马懿，有策略、为魏国做出贡献的郭嘉，小气、易嫉妒人的周瑜，沉着冷静的孙权，昏庸无能的孙皓……

在三国中，我最佩服的人物是诸葛孔明。他未出茅庐先知"魏蜀吴三分天下"；"博望坡"设计烧曹营；以"三寸不烂之舌"舌战群儒，使东吴百官无言以对；智激周公瑾，集蜀吴合力共抵魏国。

孔明的一生是短暂的，但又是长久的。直到现在，他的那些锦囊妙计仍是妇孺皆知。他一生为蜀国付出了大量的心血，鞠躬尽瘁，忠心不二，呕心沥血，就连临死前也担心着国家事务，让人钦佩不已。杜甫的"出师未捷身先死，长使英雄泪满襟"表达了人们对孔明深深的追思。他可谓是"先天下之忧而忧，后天下之乐而乐"。

孔明不仅有智慧，也有勇敢的气魄。如：在西城时，若他做出一个错误的决定，那么蜀军就会全军覆没。但他还是很勇敢地巧妙使用了空城计，使魏国大将司马懿不敢上前攻城，反而退后二十里，安营扎寨，使蜀军有了喘口气的机会。再如：草船借箭，周瑜让他在短短几天内制造上万支箭，他满口答应了，不慌不忙地让鲁肃借他二十只船，六百名士兵，在大雾弥漫的晚上，去了曹营。曹操中了孔明的圈套，命令弓箭手射箭。箭全部射到了草人身上，孔明一下就得到了十万多支箭。周瑜听了此事，对诸葛亮佩服得五体投地，自愧不如。这真可谓是一场聪明豪杰间的斗智斗勇之战。

著名教育家胡适曾评价《三国演义》是一部绝好的通俗小说，在几千年的通俗教育史上，没有一部书比得上它的魔力。是的，这本书一直以独特的创作方式和文化魅力吸引我去阅读，让我感受到中国文化的博大精深。

那一抹微笑

暑假，在外婆家度过……

自从那次摔伤以后，我已经很久没有出过门了。因为我心知肚明，这道伤疤在这个暑假不可能褪去。

熹阳微浓，烟雾弥漫。

外婆怎么可能不知道我的心事，眯着她的老眼温柔地对我说："菡妞子，这会儿的夏天可美了，去吧，跟外婆去后山看看。你喜欢的荷花也正开得茂盛哟，再不去，那花儿就谢啰！"说完便自顾自地手叉着腰走出了纱门。

脑子里浮现出外婆的神态，耳边回荡着外婆的话语，终于，我鼓起勇气，数了三下，戴上帽子，打开纱门，跟随外婆慢慢悠悠地来到后山。

踏着幽径，踩着脚下松松软软的泥土。吹着炎热的夏风，心中不免升起了几分惬意和美妙之感。

不知不觉中，我和外婆来到了一棵只有半边的古树旁。外婆笑眯眯地对我说："这棵槐花树的树龄很大，可是不幸的是6年前的一天夜晚，雷雨交加，这棵槐花古树被雷劈成了两半，可有一半就是屹立不倒，反而越来越茂盛。你瞧，这树的枝丫多么粗壮，这叶子多么苍翠欲滴，都聚集在了一起，显得非常旺盛。是不？"慢慢地，外婆的嘴角微微翘起，嘴巴里露出了几颗发黄发黑的牙齿。眼角之旁，一眼望去，尽是皱纹。这种笑容，宛如天山上那珍贵的雪莲，是那样的圣洁与美丽。

这时，我感觉一阵凉风袭来，吹掉了我的帽子，轻轻地柔柔地亲吻我的伤疤，吹入我的心田，我的心渐渐地变得很暖和、很舒服，这是一种我说不出来的暖和与舒服。

此刻，我的心中多了几分勇气，少了几丝胆小，心中的负担"砰"地落地了。

回到家中，我恢复了从前的活泼开朗。跟着外婆采摘荷叶、莲蓬，可谓其乐无穷。

那一抹微笑，让我找到了幸福，找到了自信。

难以磨灭的思乡之情

"沙，沙，沙"枯黄的落叶徐徐地从树上落下，不远处的丹桂散发着浓郁的芬芳，果树上的果实沉甸甸的，诱人的香气迎面而来。诗人张籍走在小路上，看到这幅景象，心中不禁思念起故乡。

"故乡的鸭梨可比这个梨大多了，还很香甜可口，简直是美味至极……不知今年的甜不甜……"想到跟故乡和州乌江有关的事，张籍的心里酸酸的，别是一番滋味，想着想着，迎面撞上了一堵软软的肉墙。张籍抬头一看，竟是好久不见的李泉之。

那人也缓缓抬起头来，露出了惊诧又欣喜的神情："老朋友久别重逢啰！"

"是呀，看这行装，你要去哪儿呀？"

"去和州乌江，看望一位朋友。"

"正好，我想给远在乌江的一家子寄封信，你能不能帮我捎给他们？"

"当然可以。"

两人快马加鞭赶到了张籍家，进了书房。他拿起纸笔，开始写信。

提笔半天，因为要表达的感情太多，竟不知从何说起。想着想着，不禁热泪盈眶，老泪纵横，他忘不了离别前父母深情的眼光，女儿小宛的天真活泼……不知不觉竟写了二十张纸。

李泉之临行之际，张籍又急忙说："李泉之，再等等。"他进了家门，又匆忙添了几笔，这才交给李泉之。

"驾——"

望着一路上被马蹄扬起的尘土，张籍潸然泪下……

菱

黄昏时分，晚霞渐渐烧红了天边，斜阳余晖返照青山绿水。高高的桂花树笼罩在一片金光灿烂之中，交织成一幅飘动着的画，瑰丽无比。我品着温热的奶茶，吃着凉凉的菱角杂盘，看着阿加莎·克里斯蒂的《无人生还》，显得格外惬意。

就在前一分钟，我还像只勤劳的小蜜蜂一样在采菱呢。

奶奶家的后院里有个很大的池塘，波光粼粼，里面全是美味可口的菱角。

这个时节，正是菱角成熟的时候。准备下池时，奶奶递给我一只大木桶，让我坐在里面，然后爷爷把我推下了水。接着，奶奶也坐着一只大木桶下了池。

"这大菱又叫水菱、水栗子、沙角，含有淀粉、葡萄糖、蛋白质、维生素等成分，营养价值非常高，可以和坚果相媲美，还可以抗……"奶奶也算是半个文化人，坐在木桶里不厌其烦地给我讲着。而我一只耳朵进一只耳朵出，眼睛直勾勾地盯着池塘里的菱角。接下来，一件惨不忍睹的事情发生了。

由于我太"贪婪"了，只顾采菱，身体朝右倾斜，自然而然，木桶也向右倾斜，一不留神，掉进了池里。奶奶见状，立刻跳下水来救我，幸好我没事，只是全身湿漉漉的，难受极了。

奶奶给我换好衣服，让我躺在床上休息，可我偏偏是个活泼好动的女孩儿，坚持要继续采菱，奶奶拗不过我，只好让我又坐着木桶下了水。

奶奶带着我径直往有很多叶子的地方划去。可到了那儿，奶奶禁不住又唠叨起来："菡菡，我告诉你，不会采菱的人是绝对辨不出菱角的位置的，你待会儿跟着我就是了。"我生硬地点了点头。只见奶奶找到一片墨绿色的叶子，用手把叶子拨开，下面红红的菱角随即露了出来，她用手轻轻摘下来，一颗美味新鲜的菱角就握在了奶奶的手心中。

我也效仿奶奶的动作，一个又一个菱角被我放在木桶里……

我累得满头大汗，一下午，整整采了五篮大菱！

奶奶将菱角娴熟地扒开，摆盘，一大碗菱角杂盘就这么横空出世了。

拿起一颗大菱肉，轻轻咬一口，美味香甜的汁水流了出来，我心里暖暖的，因为这不仅是我一下午劳动的成果，更是奶奶对我的一份爱。

一句名言给我的启示

"失败是成功之母。"

记得那是一个阴雨绵绵的日子，天气不大好。书房里，静悄悄的，桌子上摆着两杯热乎乎的茉莉花茶，放着几本大小不一的名著，还躺着一张有许多红叉的试卷，卷头写着鲜红的"97"。这个数字像是在嘲笑我一般，显得十分刺眼。顿时，我心里酸酸的，很不是滋味，难受极了，就像是几万只蚂蚁啃食着我的内心。

只见妈妈拿起杯子喝了一口茶，双眼紧紧地盯着我，用柔和的语气轻轻教导我："记住，失败是成功之母，人的一生不可能一帆风顺，路上总会有些磕磕绊绊大小不一的石头。我们不能胆怯地往后退，反而要坚强地跨过它们。"

妈妈的一番话语使我安心了许多。我点点头，然后把试卷订正好，期盼并祈祷下一场考试能够考出高分。

终于，数学期中考的日期公布了。

坐在书桌旁，一缕清风徐徐吹过。我孜孜不倦地复习着，一旦感觉有点累了，耳边就会响起妈妈告诫我的话，"失败是成功之母"。

数学期中考如期而至，我冷静沉着地做着试卷。

"功夫不负有心人。"我得到了回报，取得了110分的好成绩。

"失败是成功之母"，妈妈对我的教诲深深印在我的心中。

早晨凛冽的寒风"呼呼"地吹着，外面就像是结了冰，十分寒冷。

然而，这一天早晨，不同寻常。

清晨刚刚伸了个懒腰，掀开缀满晨星的盖被，太阳便按捺不住，悄然苏醒，伸出它的金色触手，向世界道着早安。

蛋壳悄然碎裂，发出"咔咔"的声响，似乎在呻吟什么。它冒着泡儿，像一颗小太阳，裹在纯白色的纱裙之中，自在地歌唱着。

厨房里很热，妈妈的脸颊上滴下几颗晶莹的汗珠。她的脸上显露出一份如石的专注，一份如金的满足，一份如玉的笑容。她仔细地盯着荷包蛋，生怕它焦了，伤了，她的动作就像绣花时对着针孔认真地拉线。

荷包蛋煎好了，妈妈小心翼翼地将荷包蛋抖入有着淡蓝蔷薇花纹的盘子中，放上两块吐司面包，挤上番茄酱。

接着，妈妈从盒中拿出几个鲜橙，轻轻地，慢慢地，把橙子削去了皮，再把果肉掰成几片，放到榨汁机中，"轰轰轰"，没过多久，一杯榨好的橙汁出炉了。"尝尝吧，三明治加橙汁。"妈妈说的每个字都如鲜花般美丽灿烂。

默默无闻的劳动者
——观《建国大业》有感

中华人民共和国成立的时间虽然离我们很远，但《建国大业》这部影片能带我们走进历史，感受当时社会的腐败风气，革命人士的艰辛万苦，人民的流离困顿，让人不禁潸然泪下。

辛亥革命后，袁世凯这个百日皇帝也被推翻。国共联合将日本帝国主义彻底赶出中国以后，中国成了国民党和共产党的天下，两个集团由朋友变为了敌人。影片讲述了从1945年抗日战争结束到1949年中华人民共和国成立前夕这个过程中发生的一系列故事，以第一届中国人民政治协商会议的筹备为线索，反映了中华人民共和国成立前夕的那段风云岁月。

在这部剧中，或许有人喜欢雄才大略的毛泽东，有人喜欢平易近人的周恩来，有人喜欢战功卓著的朱德，而我却对剧中的一个小人物郭本财投以敬佩和赞许的目光。他是厨师小阎的助手，专为毛泽东料理膳食。当这个不起眼的小厨师见到伟人毛泽东时，他十分紧张，唯诺是从。毛泽东递给他一根烟，他不抽，只是小心翼翼地将烟放到耳朵上，毛泽东问他："小郭，你咋不抽呢？"郭本财笑着回答："嘿嘿，这是主席给的嘛。"房间里的人都笑了起来。

当国民党的战机轰炸共产党的驻地时，其他厨师都赶着向防空洞跑去，郭本财也在跑，但他跑到一半时，突然记起厨房里的锅中还炖着毛主席今天要吃的菜，急忙又跑了回去，不顾一切端着菜壮烈牺牲了。

在生活中，也有像郭本财一样默默无闻的劳动者，比如环卫工人，他们起早摸黑，凌晨三点就在马路上清洁那些枯枝败叶、塑料瓶……不论春夏秋冬，不论风霜雨雪，不论严寒还是酷暑，他们始终在自己的工作岗位上像蜜蜂般辛勤地劳作。

我们要以史为鉴。《建国大业》不仅仅是一部描绘民族解放历程的辉煌影片，还是一部反映中国共产党从胜利走向胜利的鸿篇巨作，更是一部让后人深受启发的史诗大作。

涸洲之夏

可口的海鲜，碧青色的海水，古朴的农家客栈，涸洲岛，我们来了！

迎着炙热的太阳，我和几位小伙伴一齐来到了传说中的海鲜之地——涸洲岛。

走进"一线海"客栈，这是一座古朴素雅的木结构建筑，房间里是一股清新的气味。客栈的门口有一方池塘，栽种着几朵还未开的荷花，花虽未开，但已然让人有了一种"出淤泥而不染，濯清涟而不妖"的感觉。客栈的前面便是那一望无际的海。

走近大海，早晨有海风扑面而来，带着一股柠檬的清香，清香中又有一股微微的腥味，沁人心脾；沙子十分柔软，又有些烫，不免让人心生喜欢。站在大海里，一朵朵浪花把人送入浪尖，方才还是嫩青色的海水渐渐有些泛蓝。在海边的沙滩上，尽是珊瑚骨和贝壳之类的东西。

到了下午，再去海边，发现冲上沙滩的海水都是白色的，近一些的海水似乎是嫩绿色，再过去些，海水又像是青碧色，再眺望，又觉得海水是苍碧色，且都微微有些泛蓝。阳光洒在海面上，荡起的波浪微微闪动，像洒了金粉似的。夜幕降临，花蟹穿着它蓝色的霓裳扭动着身子，皮皮虾绝望着不再挣扎，柠檬鱼还在绿色的渔网上活蹦乱跳。白菜贝、花蟹、柠檬鱼姜丝、糖腌西红柿、生蚝饼、咸菜沙虫……全都齐聚在铺有印花桌布的餐桌上。

"我想带你去浪漫的土耳其！"

"然后一起去东京和巴黎……"

躺在用渔网制成的吊床上，听着优美的音乐，吹着舒服的海风，再喝些新鲜的椰汁，真是令人感到惬意！

走，去看看春天的大禹·开元

　　杜甫有诗云："迟日江山丽，春风花草香。"白居易曾赞美："人间四月芳菲尽，山寺桃花始盛开。"王驾也赞扬："蜂蝶纷纷过墙去，却疑春色在邻家。"春天，是文人墨客笔下永恒的题材；春天，承载着我们最美好的憧憬；春天，是欣赏美景的时刻。

　　鸟语花香，阳光明媚，又是一年芳草绿。此刻我们应放飞我们青春的生命，去寻觅春天的踪迹，睁开善于发现美的眼睛。今天，我们来到了大禹·开元。

　　走进大禹·开元的红木门，映入眼帘的是一片翠绿的竹林，我看见过惊涛骇浪的大海，游玩过万紫千红的公园，却从没看见过这样的竹林。这一片竹林在经过冬爷爷的洗礼后，居然还是那样的春意盎然。

　　踏着绿色的青石板，闻着泥土和小草的清香味儿，我们蹦蹦跳跳地来到了临水居。临水居旁的那条河真清啊，清得可以看见河底的小蝌蚪欢快嬉戏时的模样；那条河真绿啊，绿得像一块珍贵的宝石；那条河真静啊，静得好似一面镜子。哇！我看见河两边有些姹紫嫣红的足迹。哦，原来是艾草和蝴蝶兰。你瞧，艾草的叶子有些波浪齿纹，植株有浓烈的香气，枝上还有些灰白色的短绒毛，摸起来舒服极了。蝴蝶兰有的像害羞的小姑娘，含苞待放；有的竞相绽放，好像正在举行花朵国的争艳比赛；有的只露出一点点儿花瓣，好像正在调皮地和我们玩捉迷藏……

　　顺着临水居，我们来到了平成街。这里坐落着错落有致的青瓦房，每个房间的墙上都爬满了爬山虎，它们已经伸出自己稚嫩的手脚，正悄悄往上爬，似乎在和我们说："春天到了，小朋友们快来踏青吧。"

　　让我们寻觅春天的踪迹，走向大自然，走向生活，走进心灵的深处，去看，去听，去嗅，去感觉风的柔和，去享受旭日的温暖，去发现生活的美好。其实，春天已经把你融化在它的怀抱里了。

大自然的启示

留心观察大自然，你会发现，灿烂的阳光昭示着无私，广阔的海洋显示着宽容，就连一株不起眼的野草，也能让我们深受启发。

春秋战国时期，鲁国有一个很聪明的木匠，他的名字叫作鲁班。有一次，他准备建造一座富丽堂皇的大官殿，需要很多木材，于是他叫徒弟上山去砍伐树木。当时还没有锯子，人们是用斧子砍树的，一天砍不了多少棵，木材供应跟不上，他很着急，就亲自上山去看看。山非常陡，人一不小心就会坠入山崖，碎成两半，所以鲁班在爬山时，用一只手拉住丝茅草，却一下子就把手指划破了，鲜红的血缓缓地流淌出来。鲁班非常惊讶，他想，一根小草无依无靠，为什么这样顽强呢？他一时也想不出答案，便在回家的路上，摘下一株丝茅草带回去研究。他左看右看，突然灵机一动，发现丝茅草的两侧有许多小细齿，这些小细齿很锋利，用手指去扯，就会被划开一个口子。他想，如果仿照丝茅草的样子，打制有齿的铁片，用这种工具不就可以把树很快锯断吗？于是，他就和铁匠一起试制了一条带齿的铁片，拿去锯树，果然成功了。有了锯子，木材供应问题就得以解决了。

齐心协力

一个晴朗的日子，我在小区的草地上发现了一群蚂蚁。只见它们三个一群五个一伙，搬运着米饭粒、饼干渣等食物，我连忙拿起放大镜，仔细观察。

只见它们用腿上的小刺把食物分割至洞口一般大小，再把分割后的食物一一搬进洞。我仔细观察了蚂蚁的腿，它们的腿上的小刺非常锋利，就像挎着一把"瑞士军刀"，方便它们切割食物。

我把随身带来的面包弄碎，放在蚂蚁们的洞口，一只刚出来的蚂蚁发现了，连忙"跑"进洞里，告诉蚂蚁们有食物。不一会儿，便有很多蚂蚁出来搬面包了，真是团结力量大啊！这启示我们做事一定要齐心协力！

大自然的启示可真多呀！我们一定要细心观察大自然，与大自然成为好朋友！

生命可贵

生命是什么？大自然中有些生命稍纵即逝，有些生命千年不亡，它可以使自己发光发亮，尽显颜色和风采。

有一天，桃红柳绿，万里无云，我和伙伴在小区绿油油的草地上玩耍，突然一个小朋友大喊："看！那儿有一窝蚂蚁！"我眼疾手快，立刻抓住了一只蚂蚁。我知道，只要我的手指轻轻一按，它就会死亡，但它极力挣扎，不停挥动着它那细小的腿，企图从我的手中挣脱。那一刻，我仿佛感到那些细小的腿化作了一股生命的力量，在我指间扑腾，蚂蚁那种求生的欲望令我震惊，我忍不住放了它！

教室门口的盆栽被拿掉了。可是过了几天，竟有一株完好无损的草从石缝中生长了出来。我很诧异，它居然能在几乎没有阳光、没有泥土、没有水分的情况下，坚强地生长出来，实在令人敬佩。

在一节语文课上我认识了海伦·凯勒，了解到她是一位教育家、作家、慈善家。她在自己19个月大时因患猩红热，被夺去了听力与视力。1887年她遇见莎莉文老师。在老师的教育和自己的努力下，她于1899年6月考进哈佛大学拉德克利夫女子学院。她先后创作了14本著作。她一生致力于残疾人事业，建立了许多慈善机构。她于1964年荣获"总统自由勋章"，次年入选美国《时代周刊》评选的"20世纪美国十大偶像之一"。她让有限的生命展示出了无限的价值！

每个人都只有一次生命，如果你在这仅有的一次生命中无所事事，未来定会后悔万分。我们一定要让有限的生命创造出无限的价值！

乡村风光

我虽然生活在热闹非凡的城市中，却对乡村的风光情有独钟。

早晨，云雾缭绕，小鸟把人们从睡梦中叫醒。农民伯伯早早地去了田野中耕作。走在乡间的小路上，闻着芬芳的花香，听着小鸟悦耳的叫声，人们沉浸在这一片天地之中。

中午，烈日炎炎，辛苦了一上午的农民们吃着自己做的香喷喷的午饭，然后甜甜地睡午觉。只有不想睡的小孩子们在执行大人交给他们的任务：采摘蚕豆，去山上的竹林中挖笋。蚕豆地是他们的首选目的地。蚕豆们活像一个个胖娃娃，千姿百态，各不相同，它们有的像贵夫人，仪态端庄地坐在那里；有的像快要入睡的老人，慢慢扒掉自己的绿衣裳；有的像害羞的小姑娘，在和我们玩捉迷藏。挖笋是一件重要的事情，可孩子们挖了两三株笋就都跑去看野花了。野花那芬芳的清香、美丽的容颜吸引了孩子们，男孩子们找来长长的绿草，女孩子们则把清香的野花一个接一个地穿进绿草中，编织花环。他们还自己编了一首曲子："深山野花无人闻，难入雅堂不入品。虫蜂蝶鸟为伴侣，默默点缀绿竹林。"然后唱了起来，惹得虫子、蜜蜂、蝴蝶、鸟儿，都来看他们的演唱会。开完演唱会，他们就用青草、野花、树叶做成了一盘"丰盛的菜肴"。直到夕阳西下，爸爸妈妈叫他们回家吃饭，他们才心不甘、情不愿地慢慢走回家。

烈火焚烧的红霞，悦耳的叫声，芬芳的花香，陪伴着人们进入甜蜜的梦乡……

这次，我撒了谎

艳阳高照，万里无云，我和妈妈来到了外婆家。

一打开大门，首先映入眼帘的是一只摆放在绿色玻璃桌上的花瓶。"哇，真漂亮！"我开心地叫着。"对啦，忘记告诉你，外婆去市场买菜了，所以我要去帮外婆干家务活儿，你就自个儿玩吧。"妈妈说。"好的，妈妈。"我回复妈妈后就自个儿打量起花瓶来，你瞧，它洁白色的底托着一朵朵浅粉色的荷花和深绿色的荷叶，显得格外美丽，一条条橙红色的鱼儿嘟着嘴在荷花之间自由穿梭，好像是一幅"鱼儿嬉戏图"。我把它拿起来，不小心一失手就把花瓶摔了下去，花瓶顿时碎成了几块瓷碎片，或许是破碎的声音太小，妈妈并没听见。

我马上把碎片处理干净，刚刚走出来，就看见外婆回来了。外婆问我："菡菡，我的花瓶呢？"我顿时心虚得连冷汗都被吓了出来。我说："外婆，我不知道。"外婆连忙找东找西，还带着点哭腔嘀嘀咕咕地说："那可是我最喜欢的花瓶啊！"我看着外婆着急的样子，大声承认道："外婆，是我打碎了花瓶。"外婆的脸立刻由阴转晴，笑眯眯地说："菡菡，走，外婆带你去吃雪糕。"我疑惑不解地问："外婆，为什么我打碎了花瓶，您还请我吃雪糕？""因为你很诚实。"外婆说。我开心地笑了。

原来，诚信是人最大的财富！

顺着阳光的路走下去

岁月悠长得像一支唱不完的曲，沿着阳光留下的脚步，春暖花开，秋去冬来……

小时候，妈妈极爱紫罗兰。它们挤满了整个阳台，连一根针的缝隙都没有。它们向着明媚的阳光生长着，十分美丽，如同天上的仙女降落凡间一般。

还记得，那时我问妈妈："为什么紫罗兰总是向有阳光的地方生长呢？为什么它们不能低个头，往房间里长啊？"

妈妈总是挽起自己的半瀑青丝，摆起自己粉莲裙的边角，微启朱唇，轻吟："大抵是紫罗兰想去太阳上，阳光洒下来，为它们指路，它们要顺着阳光的路走下去，才会开出更美丽的花呀！"

我似懂非懂地点了点头，只是暗暗记下：花，顺着阳光的路走下去，才会绽放出更美的自己。

后来我长大了一些，一次科学考试，只考了89分，面对试卷上刺眼的红叉，我十分难受。

原本晴朗的天气阴沉下来，天空中的云朵带着邪恶的笑容一次次嘲笑我，同学们的眼神中带着几分嘲讽……我就像热锅上的蚂蚁般，不知所措。

一急，竟"呜呜"哭了起来。

好友见状，走过来安慰我："菡，别哭了，看，阳光多么灿烂，顺着阳光的路走下去，好好复习，一定会成功的，绽放出你最美丽的模样吧！"

听了好友的话，我心里愉悦了许多。原来，朝着阳光的路走下去，人生也会变得美好。

正伏案奋笔疾书时，一缕阳光透过窗，羞涩地探进来。眯眼望去，真像一条阳光铺成的道路。

杏花，开了
——读《梅花魂》有感

小院的杏花又开了，闻着缕缕清香，读着《梅花魂》，思人之情不禁油然而生……

华侨陈慧瑛回忆外祖父读诗词的模样不禁落泪：他十分珍爱墨梅图，因不能回国而哭泣，赠"我"一墨梅图，绣着"梅花精神"的手帕。不管身在何处，不管距离有多远，老人对祖国的思念、对祖国的那份眷恋之情始终如一。这着实令人感动。

外祖父对故乡、对亲人的思念之情始终如一，而我对远在天堂的太太也有着同样的情感。

杏花开得并不纯粹，大多是月白。偶尔有几抹粉色的黄晕，但整体看上去，皎洁明朗，带着淡淡的暖意，就像那时太太的笑容。

阳光明媚的春天，太太会把躺椅搬到杏花树下，边晒太阳边给我讲故事。至今记忆犹新的是，太太坐在杏树下，穿着藏青色衣服，膝上盖着米白色的薄毯，看着早春的杏花，时不时问我些问题，轻轻抚摸我的头，好生惬意。偶尔丝丝暖风吹来，枝头纤小的花蕊微颤，灰青与粉白交织在一起，堪称一幅"明春青杏图"。

后来，太太在我5岁时离开了人世。年幼的我对生死离别没有什么概念，只是瞪大眼睛看着小院里的那棵杏树，心里总觉得缺了点什么。

三月，又是杏花开放的季节，天空没有一丝云雾，蓝得纯粹透明。花香缭绕在鼻尖，虚无缥缈，不可捉摸。开放的杏花带着期盼挂在枝头，等待着那个曾经的人。

太太，杏花开了，不知您在天堂过得是否安好！

雨后彩虹

打开落地窗，窗外明媚的阳光渐渐消失，天渐渐变成了灰色，天空中不时有雷电闪过。

伴随着惊心动魄的雷鸣，狂暴的雨也一大盆一大盆地泼下。听着外面的雷雨声，我的心无法平静，索性扔下枯燥的作业，去茶房用阿姨教给我的方法，泡了一杯有丝丝苦意，咽下却是甘甜无比的蜜兰香。

雨越下越大，茶品完了，我捧一本东野圭吾的《白夜行》，和他一起破案。微微闭眼，书中的场景在脑海里浮现。雨势如破竹，雷电也配合着一起奏鸣。

雨下了很长时间。午后，雨和雷电终于停了，噪乱的声音终于消失了。

再打开那扇落地窗，眼前的景色与下雨前截然不同。

雨过天晴，细腻却狂暴的雨将人间洗刷了一遍，蓝悠悠的天空更加清晰，白云悠然地飘着，阳光灿烂地照耀下来，空中出现了一条七色的彩虹。

彩虹在阳光的照耀下更加光彩夺目，被洗刷过的蓝天衬得彩虹更加闪耀，彩虹在这么狂暴的风雨后展现，真是"千磨万击还坚劲，任尔东西南北风"。

人生就像暴风雨后的彩虹，虽然遇到了那么多的挫折，但挫折过后却是更加美好的明天。

我正伏案奋笔疾书，偶一抬头看窗外，眯眼望去，真像一条彩虹铺成的道路。

人生的美好，不就是雨过天晴后的那一抹彩虹吗？

冰肌玉骨美水仙

水仙，没有牡丹的国色天香，没有梅花的清风傲骨，但她却有自己独特的冰肌玉骨。

远看水仙，不像花却像绿色的大葱。但是走近细细观察，你会感受到她不一样的韵味。

六片纯白色的花瓣，不带一丝污渍，中间是鹅黄色的花蕊。有些花骨朵含苞欲放，躲在里面不肯出来；有些花苞已经绽开了笑脸；有的蜷缩成一团，像个害羞的小姑娘跟我们捉迷藏，妩媚中带着几分清纯。顺着向下看，就是她的块茎，块茎是有毒的，手摸过后须用水清洗。她的须茎很长，像老爷爷的胡子，十分可笑又不失庄重。

当所有的花悄然凋落，水仙花也凋落了，她是多年生草本植物，通常在温暖的春季开花。她能美化居室，净化空气，还可以用来做手术镇痛剂，可谓是用途广泛。

水仙花不仅用处多，还可以用来做美观的造型。手艺工人将它们切成各式各样的部分，再拼凑起来，就是一种美丽的造型了。

传说在古希腊，有一位美男子——纳喀索斯，他长得十分帅气。水妖也很喜欢他，于是向他告白，纳喀索斯拒绝了她，于是水妖愤怒地去找复仇女神，让她帮自己给纳喀索斯下诅咒，要纳喀索斯一生只爱他自己。有一天，纳喀索斯去河边照镜子，失足坠落，之后，河边就长出了一株水仙花。所以，水仙也代表"自恋"。

黄庭坚曾言："凌波仙子生尘袜，水上轻盈步微月。"刘克庄也赞美水仙："岁华摇落物萧然，一种清风绝可怜。"康熙大帝评价她是"凌波第一花"。

水仙，美的代名词！

温暖的旅程

人生的路上，有许多刻骨铭心的故事：有令人灰心丧气的，也有令人倍感喜悦和温暖的。

记得有一次，我和妈妈去泰国游玩。在回程的飞机上，已经是凌晨了。我肚子很饿，想要吃点什么，但随身携带的零食已经被吃光了，想点飞机餐，可连乘务人员都已经休息了。

我的肚子饿得咕咕叫，旁边坐着的一个阿姨还没睡，她轻声示意让我过去一下，但我们毕竟不认识，因此我一动不动。阿姨笑了起来，她长相清秀，有一头乌黑的头发。她凑近我的耳朵，轻声说："我这儿还有一份没吃的番茄蛋炒饭，热乎着，你要吗？"

我呆若木鸡，心想：这阿姨怎么会无缘无故给我好吃的？肯定不怀好意。于是对她说："不用了，谢谢。"没想到阿姨一下就猜出了我的心思，对我说："怎么？怕我下毒？"说着她笑了起来。

也许是她的笑感染了我，她的笑不带一丝杂念，嘴唇弯成了月牙形，洁白的牙齿露了出来，正如《诗经》中那句"齿如瓠犀"，眼神澄澈透亮。再说，那番茄蛋炒饭的香气已经溢出包装盒，钻入了我的鼻孔。

我拿起盒子狼吞虎咽地吃起来，没有剩下一颗饭粒，阿姨在旁边看着我，笑意越来越浓。

原来，生活中有许多温暖的旅程，而且，世界上，好人总比坏人要多。

青海湖——人生启迪

游过了那如诗如画的"天空之境"——茶卡盐湖，我们乘车来到了中外闻名的青海湖。

那一天，窗外有丝丝微雨，但为了观赏美景，我们还是下了车。远远望去，蓝波荡漾的湖水不同于往昔太阳照耀下的波光粼粼，显得有些青中带蓝。放眼望去，好像蓝天与碧波已连在一起，分不出哪个是天，哪个是湖。

绕道而进，走近湖旁，用手沾些许湖水，扑在脸上，竟有着丝丝凉意。过了一会儿，雨停了，阳光出来了，照得湖水暖暖的、热热的，湖水由蓝转为青绿色，湖面上也泛起了闪闪金光。

雨后，总会有温暖的阳光，伴随着美丽的七色彩虹，给你暖意、安慰、信心！

人生难道不是如此？是的，人生中有许多困难，它们总会绊得你失去自信，失去爱；但是，只要你鼓起勇气，坚强地克服它，你就可以得到爱与温暖。

青海湖美不胜收，但同时给人的启迪也非常大。

吾不才，只云："清湖美兮，碧波荡漾，如画中山水，此经一游，感慨万千，近如诗，远如画。"

青海湖甚美，启迪之大，无可比拟。

那盏心中的明灯

一堆松软的泥巴经过窑人的烧制就会成为一件上好的瓷器；一枝玫瑰经过甘露的灌溉将会一展绝世容颜；而一个人拥有自信也会变得灿烂无比。

曾经的我是班上数一数二的学霸，每次考试排名总在前三。但是这学期，我的成绩却直线下降，跌到了第十名或是更差，宛如被星星围绕着的月亮由闪闪发光变为黯然失色。有的同学看我的目光也从羡慕变为带有丝丝寒意，眼底有些许鄙夷和不屑。

由于在学校里受了气，我就把气全撒在了家人身上。久而久之，连和家人都不怎么亲近了。

一个漆黑的晚上，静得瘆人，我只身一人跑了出去。走了一会儿，却发现一个女孩坐在楼梯上。

那女孩六七岁的样子，面容清秀，脏兮兮的小手在衣服上抹来抹去，神色平静，我缓缓移步，坐到了她的旁边。

"小妹妹，你怎么坐在这儿？"

"我不想睡觉。"小女孩精致小巧的脸上十分平静，波澜不惊。

"我的成绩直线下降，同学看我的眼神也都冷冰冰的。"说到这儿，我不禁长叹一声。

"姐姐，我给你讲个故事吧。有一件青瓷想去皇宫里，可一个工人却不小心把它弄出了裂纹，它觉得自己的一生已没希望了。可一个匠人却添了几笔，让它变成了无比珍贵的冰裂纹瓷，身价倍增。所以你不能灰心，相信自己，你有属于你自己的光芒！"

听到这话，我笑了，她也笑了。

一道璀璨的光芒顺道而进，照亮了两个相视而笑的女孩，也点亮了那盏在她们心中的明灯。

绣球的笑容

清风徐徐，天气阴晴不定，走到阳台上，那簇粉红色的绣球花千娇百媚，开得正旺……

记得那是五一节的小长假，闺蜜婳邀我去她家做客，我十分爽快地答应了。

5点我就兴奋地起了床，一直傻坐到8点。我穿了一身清凉的背带裤，迫不及待地去了婳的家。

可惜天不遂人愿，我并不知道她家是几幢几室，打她的手机却无法接通，婳妈的手机也关机，无奈之下我只好原路回家。

刚到家没过十分钟，婳的电话就打过来了。我刚想张口斥责她的准备不周全，还没来得及，就听她满含歉意地说道："对不起，菡，我的手机没电了，所以刚才没有听见，你现在在哪儿啊？"

我瘪了瘪嘴，假装毫不在意地回了一句："在家里。"

婳的兴致一下子提高了："太好了，我现在来接你，你再过几分钟就下来吧。"

本来要张口斥责的话语顿时烟消云散，婳真是我的好闺蜜，她只要道个歉就可以了，可没想到她这么看重这份友情。

我拎上自己准备送给她的礼品，三步并作一步地冲了下去。

只见婳的大额头在阳光的暴晒下渗出几滴汗珠，她一直在等我！

看见了我，婳冲过来抱住我，左手拿起一束桃粉色的绣球花，与她浅粉色的碎花裙很是相衬，抬头道："你最喜欢的绣球花，给你！"

我接下这束绣球花，感动得不知说什么才好。我拿起了准备送给婳的礼物，在礼物中，有我自己制作的素笼，上面也有一朵粉红色的绣球花。

婳接过那包礼物，愉快地笑了起来，很明媚，很炽热，很诗意，就如那簇粉色的绣球花……

才女心中的悲凉
——读《红楼梦》有感

从风光一时到出卖女眷，没有人知道她心中的悲凉。

薛宝钗，金陵四家之一薛家的掌上明珠，她落落大方，才华出众，家世显赫不多愁善感，不咄咄逼人，更不自怨自艾，也不体弱多病。嫁给贾宝玉门当户对，可谁知贾宝玉心心念念的是林黛玉，她明知此事却不计较。后来贾家一族被抄斩，宝玉出家做了和尚，她成了寡妇，却任劳任怨，一声不吭。

她的容貌虽不及林黛玉，才华却是世间少有。在第九回中，元春评论说："还是薛、林二妹所作的与众不同，我们姐妹不能比呀！"第十六回中，李纨看后点评说："若是论风流别致，当属潇湘妃子；若论含蓄浑厚，还得是蘅芜君。"从以上两事，足可见薛宝钗的满腹经纶。

她对下人宽容大度，没有黛玉的多愁善感，没有王熙凤的两面三刀，没有李纨的贤德纳厚。但她今生做错了一件事，那就是嫁给宝玉，无人能体会到她的悲凉与心酸。

是的，大家族恃宠而骄，必然会倒。就像我，自诩成绩不错，就有一点骄傲。这个骄傲，使我在第二、第三单元测试中连着只考了第十名。所以，人不能骄傲，一骄傲，必会退步。就像贾府，因为在宫中有元妃娘娘撑腰，便有恃无恐，贪赃枉法，王熙凤甚至去放所谓的高利贷，以至于最后被抄家。这就是教训，我以后可不能骄傲，不能翘起尾巴。

《红楼梦》以宝玉、黛玉、宝钗三人的爱情婚姻为主线，展现了穷途末路的贵族社会走向灭亡的必然趋势。

"满纸荒唐言，一把辛酸泪，都云作者痴，谁解其中味？"

即使是才女如薛宝钗，也没有参透人生的奥秘，硬生生地把自己推向了深渊。

泓颐

KAN DAO SHI JIE DE GUANG

篇

四年级作文

备好的行囊

成长漫漫长路上，咿呀学语，蹒跚学步，似海上的一叶扁舟，如乱世的一丝独立。一望无际的路，一级一级的槛，要勇于跨越，更要充分准备，方能随机应变。

行囊让时光更有力量，让一切充满希望。

翻开行囊，是琳琅满目的"累累硕果"：勇气、智慧、仁德……

勇气是行囊成长的力量，一次次超越，一次次成功，是伟大动力。一次次奋勇面对，让困难一次次被迎刃而解。

智慧是行囊的导标，在困惑中保持方向，在迷雾中拨开疑云，在黑暗中找寻光明。

仁德是行囊里的食品，在尴尬与恼怒之时嚼一嚼，感受仁德的滋味，以德拂去心中朵朵乌云。让德发扬光大，让仁扬帆起航。

才艺是行囊的装饰，让成长绚丽多彩。

成长是一次别有洞天的旅行，一路上收获很多，一次次磨炼让人生充实。人生路还很漫长，只有去不断收获，才能享受一个美好的人生。

备好的行囊，伴我渡过千山万水，去向美好的未来。

行沙旅者

头顶上的烈日贪婪地在几个旅客虚弱的身体上趴着，如同几条火蛇在残败的稻草中乱窜。

沙漠是无情的、残酷的，行沙之路如何走？三名旅客拖着沉重的身体，眼里希望的火焰似乎再也不能复燃了。

即便心中什么都不在乎了，三位旅者却还是不肯面对现实：

他们走不出这片荒漠了。

突然一阵暴风似猛虎下山般扑向旅者，虚弱的旅者已能看见死神的镰刀在自己脖子上比画着。冰冷的刀锋上，映射着旅客惊慌失措的眼神。这时，迎面发出一阵金光。天堂？地狱？旅客无可奈何地望着这缕金光。幸运女神出现了，·她对死神低喃了几句，又向旅客说道："凡人，你们不必害怕，我可以赐给你们生存的良机。"说罢，她拿出了三样东西：食物、生存的方向、金钱。一人快速奔向金钱，眼里只容得下财富。其余两人商量好，利用食物先充饥，再沿着生存之路奋勇向前，追随光明而去，最终他们的生命重新燃烧。而第一个人只能在一个寒冷的夜里，抱着钱永远合上了双眼。

一个人只抓住眼前的利益，不为未来着想，他最终将面对的一定是残酷的现实；而只有顾及未来的人，才能真真正正地去迎接美好的未来。

行沙之路，靠的是智慧的力量！如此，才能走下去……

夏的感怀

春，悄然离去。夏，重整旗鼓，在无常的蝉鸣中耐人寻味。夏，在炎炎烈日下映出迷人的魅影。万树成荫，百鸟齐鸣，在眼前浮动流金的空气中，唤出截然不同的景……

夏虽无春的百般艳丽，却又不逊于春，在浓郁芬芳中，在似火骄阳下，花儿齐艳在蓝天下，捧着令人心旷神怡的美；略吐芬芳，悄然道出夏的魅力；树木顶着"熊熊烈火"，冒着缕缕利剑似的金光，踏着炙热的大地，精神焕发，映出夏日独特迷人的景。夏，有一种刚柔并济的美。

白天不懂夜的黑，用来描述夏日再合适不过了。

夏日最大魅力在于白天与夜之间那非同小可的片段，曰：蝴蝶在荷花间来往，宛若回荡在秋风中的落叶，又似银燕高飞、蜻蜓戏水；荷花嬉闹在荷叶间，颇似一条孤船，行在一波未平一波又起的碧浪间。白天在欢笑中离我而去，黑夜似一块漆黑的幕布，缓缓下降。星星点点光，如罕世的宝石镶嵌于夜幕，进行一场醉人的演出。只见它们在当空的皓月周围闪出耀眼的光，射进了人们的心房，照进了清澈见底的湖心，映出了夏夜正喃喃自语着。夏夜，未眠。

忽然暴雨倾泻而下，打得树叶措手不及，嘶吟道："沙沙。"电闪雷鸣间，闪电划破天际。

夏日，虽无春之轻柔，却有迷人的景，让人赞不绝口。这就是夏，平凡的夏，却又是特别的夏。我爱夏天。

爱在细微处

父爱如山，呵护了我幼小的心灵，让我学会了坦然面对世间的一切；母爱似水，在我心中流过，让我学会了用柔情去面对成长的坎坷。蜜蜂爱在花丛间嬉戏，雄鹰爱在天空中翱翔，鱼儿爱在水中徘徊。

我有一个贴心的朋友叫孙俊，他很沉稳，见多识广。炯炯有神的眼睛温柔而善解人意，能说会道的小嘴经常逗得人乐开怀，俊俏的脸上表情千变万化，让他整个人都鲜活起来。

孙俊虽很沉稳，但时常会出其不意地展现他的搞笑才能。他好像与生俱来就带着幽默的气质，但这次，他却让我对他的看法悄然改变了……

夕阳映在我和他的脸上，湛蓝的天空仿佛被烈火染上了仇恨，越烧越来劲……

我和他默默地坐着，一个足球滚到我脚边，我随即一脚，那球便飞了出去，掉下来时竟然卡在了防盗栏上。"呀，这可怎么

办？"我惊呼。足球的主人是个小朋友，他眼见着就要失去这个球，便泣不成声。我无可奈何地看着这个小孩儿。小俊徐徐抬起头，望向那只足球，又回过头去，望了望球的主人。小俊沉默地思考了一会，然后平缓地说道："我有一个办法，能让球物归原主。"

我很惊讶，还没等我反应过来，他便拿起一根竹竿，用手快速地在空中比画了几下，再用手掌一拍，竹竿准确无误地正中球的"下怀"。没等我回神，他把竹竿一转，一挑，球宛如被赐予了灵魂，在空中快速旋转之后，掉落在了正主的脚边。这根本就不是在捡球，而是在表演一场精心设计的魔术。

我无法用言语形容我的感激之情。他本可以抛下我不管，他本可以一笑而过，他本可以幸灾乐祸，可他却总是急他人之所急。一股莫名的感动，在我心中涌动。

荸荠

这个世界上的水果形形色色。春天有甜得沁人心脾的草莓，夏天有晶莹剔透的葡萄，秋天有甜如蜜的甘蔗，冬天有香甜的苹果。但是，在这个世界上还有一种水果，虽然没有苹果的香甜，没有葡萄的晶莹，却让我喜爱万分，它就是——荸荠。

荸荠不是很大，但浑身披着一层棕黑色的铠甲，它的表面不是很光滑，有些凹凸不平。闻一闻，带着一股淡淡的清香。从远处望去，好似一群身披鳞甲的士兵，在盘中三五成群，推推攘攘。

用手拾起一个荸荠，用削皮刀削去它那棕色的外壳。一个浑身雪白的物体赫然出现在了我的眼前。一闻，一股令人留恋的气息扑鼻而来，我贪婪地用鼻子在空气中吸那股清香，随后便迫不及待地将它放入口中。一嚼，甜甜的汁水从荸荠中喷涌而出，鲜到我的味蕾几乎都已罢工。那味道，真让我至今都难以忘怀。

荸荠不仅味美，而且还有许多功效，在炎炎夏日时，可用于解暑，也可润肠通便，防止便秘，还可以减肥。

　　荸荠的味道甜入心田，荸荠的功效让人赞叹不已，我爱荸荠，是它让我多领略了一种水果的独特风采。

次元

　　烈日当空，我长叹一声，翻开了尘封已久的笔记。

　　我是最后的异次元后裔。我从家族笔记中得知，异次元后裔有着超凡的能力。但是我的父母下落不明，他们应该都在地球上。一颗晶莹的液体划过我的脸颊，我合上了笔记，眼神霎那间从迷茫到坚定。

　　我拍了拍笔记，带着它来到了父母失事的地方，准备去寻找他们。

　　我从笔记上的记载得知，我的父母现在在一个无人知晓的地方——时空漏洞中。我的脑袋里浮现出儿时的场景，翻开笔记，照着书上的咒语，我摇头晃脑读了一遍，突然，一个晴空霹雳闪现，我来到了另一个空间，看见了我的父母。"爸爸！妈妈！"我欣喜若狂地喊叫着，可他们好像听不见，似被风吹走了一般。"真真假假，假假真真，一切都是幻象。"我自语道。我调整心智，用心感受，终于感受到了父母的方向。我缓缓地朝着他们走去，父母竟然一脸害怕的样子，还赶我走。正当我疑惑时，两支箭飞来，直插我的心口。我快招架不住时，父母为我挡了数箭。箭雨停了，父母却已奄奄一息，没想到此次相聚是为了分离。我紧紧抱住父母，看着他们流出来的血，晕了过去……

　　我大叫了一声，睁开眼，原来是一场梦啊！

美丽与丑陋

迷人的光泽是珍珠，暗淡的背影是蚌壳。珍珠就像一颗璀璨的星，而蚌壳则像是一片硕大的夜幕，星星闪耀在深邃的夜空中。

珍珠蚌有着一个扇形的身体，外表似一张不规则的黑布，上面闪耀着一种深不可测的光泽，螺旋状的条纹勾勒着它，就像一个巨大的黑洞，吞噬着一切。而在它冷酷的外壳下，有着柔弱的肠子，白中泛黄。

蚌里面还产有珍珠，粒粒饱满，颗颗圆滑，在灯光照耀下泛着可人的光泽。

蚌，略微带有腥臭，但被清洗后，珍珠的腥味荡然无存。而经过烹饪后，蚌肉不仅不腥了，还有一股令人垂涎三尺的香气。

蚌肉手感很好，轻、弹、滑；珍珠手感较硬又圆滑；而蚌壳十分坚硬而粗糙。

珍珠的用途广泛，可涉及药用，磨成粉后，有明目的用途；打洞后，可做手链，成为令人叹为观止的装饰物。

但是，想到美丽的珍珠和可口的蚌肉竟然是产自丑陋的珍珠蚌时，我心头怦然一惊！谁知道蝴蝶蜕变前令人唾弃的模样，正是"人不可貌相，海水不可斗量"。

珍珠蚌是种多么令人喜爱的造物，产出了让我留恋的蚌肉，产出了如璀璨明星般的珍珠。

同时，这也让我明白了外表并不能代表什么，就像不怎么显眼的珍珠蚌，是它造就了明亮耀眼的珍珠！

我喜欢周三

纯黑的鼠标，在平滑的桌面上自由地划动，荧屏上泛出鱼肚白的光辉。在周三的电脑课上，我总是超乎寻常地专注，乐此不疲。

　　自一年级始，在踏入神圣、令人向往的校园时，语文、数学、英语、科学的重担已深压在我的双肩之上。可总有那么一天，虽然要面对烦闷的主课压力，但却能让我露齿微笑，那一天便是周三——有着电脑课的崭新的一天。

　　在我看来，电脑课相比那无味的数学，多了些许趣味与自由。所以电脑课也自然而然成了我最爱的课。

　　开机，单手按着鼠标，轻松简单地便能进入一个"与世隔绝"的世界。在电脑课上，一切现实中看似只有仙人才能完成的事，只需轻点鼠标，便能立马完成。

　　更是因为那一次，周三电脑课上发生的事，让我更深切地爱上了电脑课。

　　故事的开始，一如既往地发生在一场乏味的数学测试上，这次测试依旧是数学老师靠占课，争分夺秒地从电脑课老师紧握的手中狠心夺得的。考试时间一分一秒过去，但电脑老师决心要我们上电脑课，于是两位老师在经历了一场没有硝烟的口角战争后，数学老师大败而归。我们一行人满心欢喜地来到电脑教室，屁颠屁颠地打开电脑，开始自由浏览起来。可数学老师难料，我到电脑教室另有所图，想罢，我内心不禁大笑起来。笑得差不多了，我便开始完成我到电脑教室的使命，我迅速打开百度，输入"π是什么"，心中暗想：哈哈，老师能奈我何。想起刚刚考试时自己看着这道题目时窘困的表情时，我不禁嗝瑟地按下了回车键。答案从荧屏中"喷薄而出"，我的嘴尖从容不迫地微扬。

　　虽然小学电脑课的时间已屈指可数，而周三带给我的回忆却永远让我难以忘怀。

大衣·背影

　　爸爸，是一座在我心中屹立不倒的山，巍峨又险峻。从我记

事起，爸爸就是个能为家人付出一切的人。他常年早出晚归，一句"我去加班了"无意中成了他的口头禅，而令我最难忘的便是他的大衣。

爸爸古铜色的皮肤犹如一尊仪态端庄的铜像。他性格内向，能一针见血看破他人，却从不咄咄逼人。他的脸也很黑，可黯淡的皮肤掩不住他双目中透出的灼灼智慧。

我爸爸时常加班，为了让家人过上幸福的生活，常把光阴化成了一次次工作付出。

一次，我上完古文课回家，下车的时候才发现我身上只有一件单薄的衬衫。外面的风吹过，无情地抽打着我，我颤抖着，一步步挪回家。这时爸爸出现在我身边，看着我发抖的样子，立马脱下大衣，披到了我的身上。温暖立马充斥了我的全身，可没人注意到他那寒冷的身形。

爸爸付出了，却从不求回报。为家人流下汗，流下泪，在家人面前却总是一脸笑容，强忍着内心的苦，保持微笑。

爸爸，陪伴他的是公文包和领导一次次的电话，对于家人的问候，他的回答永远是"不累"。

爸爸，你的付出，我一定回报，我爱你，我的亲亲老爸！

你就是我的四月天

四月是芬芳小径上的落花，四月是纷扬柳絮中的落蝶，四月是儿童缤纷多彩的花鸢，四月更是爱与温暖。

在晴朗的一天，我得到了母亲的一次莫大的帮助，如同四月投射出的爱与温暖一般。

那是一个万里无云的下午，我在家中刷题，目不斜视地盯着蓝黑相间的习题册，突然一道几何题出现在我的眼前，我苦心思索，却更加百思不得其解，像泥潭中的困兽，越陷越深。正当我心中的不解即将吞噬我做题的欲望时，我的母亲出现了，犹如黑暗中的光明出现在了我的不解之中，她用爱怜的目光看着我，轻缓地说："不要灰心，再想想看。"

这句话显然打动了我。我提起笔，绞尽脑汁，继续解题，可这个几何题，实在是超出了我已有的能力范围，就在我正准备开口向她诉苦时，她看了一眼题目，将解题思路耐心地向我诉说。我豁然开朗，心中的迷雾顿时烟消云散。当我听得头头是道时，却没察觉到她已口干舌燥，嗓子也有些沙哑了，但她依然坚持不懈地为我解开谜团。

母爱是四月的春光，照进了我的心房。

母爱是四月和煦的春风，吹开了我心中的迷雾。

母爱是四月的太阳，永远把温暖传递给我，把那无尽的冰冷留给自己，默默忍受，无怨无悔。

母亲，你就是我的四月天！

怀揣着好奇心
——读《查理九世》有感

怀揣着一颗好奇心，不懈地向前探索，总会有些发现。好奇心是一切创造的源泉，是生命坚固的臂膀，是支撑灵魂的桥梁。

又是一个下午，落日的余晖还是那般姿态万千，绯霞染红了窗棂。我翻开了《查理九世》，顷刻间被拉入了一个奇妙非凡的探险世界：一次机遇，使墨多多等人愉快地踏上了豪华的海神之子号游轮，他们有幸认识了这艘游轮的赞助者——恶亚瑟，而自从结识了他，一场惊心动魄的探险拉开了序幕。而在此次探险中，墨多多的好奇，帮助牛顿发现了万有引力。那天，牛顿在郊外散步，走着走着，在一棵苹果树前停了下来，他望着四周，感慨着迷人的秋色。突然，一个通红的苹果从天而降（墨多多搞的鬼），不偏不倚地砸中了他的脑袋，这不但没有让他疼得直叫，反而引发了他无穷无尽的遐想。这些问题如夜空中的繁星般使牛顿废寝忘食，投身于对重力的研究。在他锲而不舍地钻研下，终于发现了重力的奥秘。

每个人对生活、对工作都必须抱有一颗好奇心，前人们必是怀揣着它，创造出了令后人赞叹不已的发明。

坚持，不朽的革命
——读《钢铁是怎样炼成的》有感

"只要坚持，就会成功。"对我们来说，这是一个妇孺皆知的道理，但对《钢铁是怎样炼成的》里的保尔来说，却是战争中的创伤——双目失明、双腿残疾的痛苦。

小说主人公保尔·柯察金是位坚毅勇敢的少年，在一次次挫折中，他越挫越勇，最终成长为一名坚强的革命战士，同时他也忍受着难以言喻的痛苦。经过漫长的坚持，最终他战胜自我，举起新的武器——文学创作，从而实现了自己永不掉队的革命理想。

坚强的保尔，在一次次变革中，成长为一名顶天立地的男子汉，而其中的过程却苦不堪言：先后失学，受尽歧视，做工被开除……保尔面对它们，没有选择逃避，而是迎难而上，最终困难迎刃而解。

放下书本，我沉思着，那段令人难以忘怀的沉痛记忆，仿佛又出现在我的眼前。曾几何时，日本人疯狂地入侵中国，烧杀抢掠，无恶不作，而中国人终于忍无可忍，举起枪奋起反抗，在日本人强大的火力轰炸下，我们一直坚持着，十四年的血与泪，最终凝成了我们美好的今天。

"只要坚持，就会成功。"无论古今，无论中外，这个道理永远会在世人的心中发光、发热，永不磨灭。

战胜自我，打败心魔
——观《奇异博士》有感

每个人，都有自己的心魔，如果在心魔的泥潭中长时间地浸泡，只会被心魔吞噬，最后不能控制自己，走上不归路。

当我在荧屏前观看《奇异博士》时，我就对史蒂芬深表同情——一个自负的神经外科医生，失去了双手，还仍然这么狂妄自大，被卷入了无尽的心魔中。幸好，他得到了一位魔法师的帮助，冲破黑暗找回了自己，并惩恶扬善。一个医生的双手，是他的生命，也是他的财富。但在一场车祸中，这双手丧失了拿手术刀的能力，对他来说，这无疑是致命的打击。一开始他陷于悲痛的心境中无法自拔，这是可以理解的。但令人佩服的是，史蒂芬坚强地战胜了自己的心魔，战胜了自我，放下一切，重新开始，开启了完全不同人生。当他的生命受到威胁时，他甚至可以为了大众，将个人生死置之度外。

在生活中，有许多这样的人。在我们班，也有这样的人，他能力很强，但是总夸夸其谈。一次，他在我们身边炫耀说："我这次考试一定能得100分，否则我是猪。"我们都不以为然，但都对这次考试成绩格外关注。最终他只考了88.5分。他对此事一直牢记在心，但此后他从未考过100分。同学们因此而嘲笑他，也疏远他。他十分憎恨同学，抗拒他人，也许这就是他的心魔。

心魔无处不在，从静谧的乡下到繁华的都市，心魔一直都存在，而这一次我真正地了解到它的本性：小陶是家里三代单传的男孩，父亲对他寄予厚望。去年10月，小陶未写作业并对父亲撒谎，父亲盛怒之下连续殴打他长达3个小时，导致其死亡。事后，这名父亲追悔莫及，但已走上不归路。他被困在了一个泥潭，不可自拔，最终死于非命。每一个人，一生中总会遇到挫折和困难，总会在内心的黑暗中徘徊。人心总有善恶两面，我们要克制内心恶的欲望，不让恶的烈火将内心占据。只有认清自我，集中力量战胜自我，我们才有可能打败心魔，成长得更为出色！

尊重自然，也会得到自然的尊重
——读《万物有灵且美》有感

每个生物都有灵性，生物的灵性使它美丽，这就是自然的真理。20世纪30年代的那位兽医，使我明白了这句话的含义以及它背后的真谛。

这本书生动描绘了一位敬业的兽医——吉米·哈利，他下乡行医时面对着种种令他困窘的病例，有为母羊接生时突如其来的困惑，为马儿去瘤时得躲过一串串"无影"马腿。虽然大自然总抛给他一系列难题，使他束手无策，可他仍爱着农庄中的一切，因为万物有灵且美！

兽医吉米·哈利是个热爱万物、热爱生命的人，虽然困难与困惑总是接踵而来，但他却从不抱怨，因为他热爱自然、热爱他的职业。而遵循自然规律的人总会得到自然的馈赠。

有一位小男孩出生在一个穷困潦倒的村庄里，他10岁那年正值饥荒，水深火热的环境迫使饥肠辘辘的小男孩与他父亲向着森林进发，去寻找野板栗林。走着走着，他们发现了一只松鼠，机警的父亲认为跟着松鼠一定能找到野板栗，于是他们就跟着松鼠来到了一棵古树下。松鼠停在了一个树洞边，于是父亲让儿子上树去掏树洞，儿子上去一趟，掏出了几颗野板栗。父亲让儿子继续去掏，可儿子心想：这一定是松鼠过冬的食物，我们要是掏去了，松鼠该怎么办啊？于是他将自己的想法告诉了父亲，父亲摸了摸肚子，又看了看松鼠，过了许久，他同意了。松鼠见了，好像明白了什么，于是又向一片密林进发，父子跟着它，来到了一大片板栗林下……

只有尊重自然，才会得到大自然的尊重。

业精于勤　荒于嬉
——观《摔跤吧！爸爸》有感

"业精于勤荒于嬉，行成于思毁于随。"这是成功的秘诀。人们只有在自我的极限中接受磨炼，才能有所作为。从古至今，这句话一直诠释着一个个奇迹，正是"宝剑锋从磨砺出，梅花香自苦寒来"。

马哈维亚——一个对摔跤了如指掌的中年人，他在年轻时曾一夺国家冠军，但种种困难使他美好的心愿和为摔跤付出的汗水化为了对下一代的期望。于是他开始祈祷能有一个男孩，可事实却与他的祈祷背道而驰，医生一次次的"是个女孩"像一桶桶冷水，劈头盖脸地向他泼来。但一次偶然，让他灵机一动，把他的女儿吉塔推上摔跤之路，并最终夺下世界冠军。

在影片中，吉塔在一次次摔跤比赛中脱颖而出，宛如一匹摔跤界的黑马，使对手望而生畏。正当她稳行于摔跤成功之路时，国家队的召唤从天而降，当吉塔和家人为之开心时，却难料，这才是吉塔摔跤生涯中一道真正的坎。

吉塔进入国家队时，全新的、无拘无束的生活却像一道"看是无形胜有形"的屏障，挡住了她前行的道路。可吉塔浑然不知，这正是"业精于勤荒于嬉"的体现。最终，在爸爸的帮助下，吉塔开始了真正的练习。

在几千年前，三足鼎立的时代，蜀主刘备就曾被奢华的生活所迷惑。回想当年，尚香出嫁，吴侯无奈，周郎便心生一计，用奢华的生活困住了刘备，妄图使蜀之霸业就此息止。若非诸葛孔明以锦囊迎回刘备，刘备那片霸业早已不翼而飞了。

要想成事，就得有不被嬉戏而荒废的决心，做事如此，人生更是如此。

菊魂

菊花，无金桂的十里飘香，无莲的清心淡雅；但它傲霜而开，超凡脱俗，像落入凡间的仙子，鹤立鸡群。当秋风袭来，百花零落时，唯有它的暗香，在寒气中涌动，热闹非凡。

菊的颜色多得数不胜数，或黄，或白，或红，五彩缤纷。

它的叶呈碧绿，衬着羞涩的花朵。

它的茎粗粗的，像几根擎天的巨柱，稳如泰山。

它的花似巧夺天工的画，让人赞叹。它的花瓣不计其数，如繁星点点，如千万个少女在迎着寒风互相比美，如诗如画……

近看，五颜六色的花儿正迎风舞蹈呢。豪迈的步伐、艳丽的舞装、娴熟的舞步，如同一位位亭亭玉立的女子跳得正欢呢！

远看，一朵朵、一簇簇纷繁多变的菊花组成了形态各异、千变万化的花海。

令我叹服的不是那倾城之色，而是那不屈不挠的精神。在寒秋中，百花凋零，人们也因寒而萎缩，但菊花却迎着寒风独自开放，毫无惧色。

一次，我耐着寒风，出去晨练。当我正准备时，突然被一阵清香吸引了，我寻香找到了一簇小菊。当我看见人们不停地怨寒，再看看一旁默默盛放的菊丛，心中暗流涌动，敬佩之情油然而生。

我爱秋天寒风中勇敢的舞者——菊花。

冷·暖

人世匆匆，走在这冷酷的大千世界里，无奈地冷眼看世界……

人来人往，川流不息。你的命运，只是沙海中那一粒渺茫的石粒罢了。

我曾经千万次带着微笑看世界，换来的却是层出不穷的冷嘲热讽。

我模糊地记得，那是一个晴朗的好天气。太阳挂在九天之上，白云悠悠飘着，我和同学相约去羽毛球馆打球，没想到前脚刚踏入羽毛球馆，一个人就凶神恶煞地走了过来，说道："小孩来打球，要么付钱，要么走人。"

我和同学淡淡地问："多少？"

"不贵，20。"

"我们没钱。"我说道。

"没钱也可以，打球赢了我，我就让你们进去。"

我一不做，二不休，抢起球拍，就是一扣，那人不慌不忙地一接，再一搓，就这样，我和他对峙着，但最终我还是败下阵来，只得被他轰出了球馆。

这件事似一把闪着寒光的利刃，无情地在我的心上划了一道口子，留下了难以忘怀的伤痕，但另一件事情却把这道伤痕抹去了。

那一次，我走在小道上，一个大哥冲了过来，我想脱身却被撞了个满怀。我呜咽着想爬起来，步子却满是蹒跚。这时我的好朋友看见了这一幕，马不停蹄地把我扶到了医务室。

这个世界虽冷酷，却也温暖。

拥抱，适应，调整，你抬头，才能看到那片蓝天。

女排之光

奥运，体育之光！女排的胜利被载入奥运史册。那一刹那，全中国被胜利的喜悦之情点燃，女排之光，也照亮了女排憧憬的未来。

激动人心的时刻徐徐到来，激烈的交战也缓缓拉开序幕……

终于，直到见到一个个衣冠得体的运动员陆续入场，人们才意识到这会是一场"硬战"。中国队蓄势待发，塞尔维亚队也对冠军虎视眈眈，双方摩拳擦掌，过了一会儿，比赛开始了。塞尔维亚队发球，一个关乎命运的球被发出，中国队巧妙一垫，只见那球在空中旋转，紧接着对方一只手从球后伸出奋力一扣，中国队员奋力一接，对方又是一记扣球，球在空中飞过，在网上撩过，观众的眼球随着球"飞过"，对方得分。中国队队员大叫一声，便重振士气，奋勇迎敌，塞尔维亚队也不甘示弱，都非等闲之辈，最后几局双方都是"诸葛亮三气周瑜——略施小计"。朱婷最后一记重扣，临危一击，打了她们个措手不及，对方打手出界，中国队胜利了。

比赛结束了，中国队人声鼎沸，郎平秀手一挥，抹去泪水，胜利了。

一场酣畅淋漓的胜利唤醒国人的情感，热血逆流而上，让世界沸腾的女排精神横扫华夏大地。

螃蟹

一身坚硬的铠甲，四对爬行自如的腿，加上两个威风的大钳子，如虎添翼般打造出一位威风凛凛的螃蟹大将军。

每当别人来攻击它时，它总能躲避自如，四条腿在地上进退有度，一对大钳子凶猛地伸向敌人，打得敌人落荒而逃。它，总是能在危急关头，化险为夷。

螃蟹天性好斗，只要与其他生物狭路相逢，总抱着"来者不善，善者不来"的想法，和对方拼个你死我活，这就是大自然物竞天择的原则使然吧。

一次，两只势均力敌的螃蟹相遇了，它们怒目而视，一场战争一触即发。于是，两位将军开始了激烈的对战，你夹一下，我踹一脚，让旁观者觉得惊心动魄，但也连声称赞。双方最后必将争个你死我亡。

而每当要被放入锅中来回翻炒时，它们似待宰的羔羊般，在命悬一线时，还拼死挣扎着想逃出锅外。不多时，香气扑鼻而来，可口的螃蟹大餐便映入眼帘，拿起一个螃螯放入口中，闭眼慢慢享受，鲜嫩可口的肉质让我不住地称赞。

螃蟹，一位威风凛凛的大将军，一道让人垂涎三尺的餐桌美味，让人们不得不由衷赞叹。

生活因爱而精彩

生活，像一张无瑕的白纸，用爱装点才更美；生活，是一粒种子，用爱浇灌才更翠绿。

爱像珍贵的眼泪，滴滴都是生活。爱像一把钥匙，打开生活的大门。

生活因母爱而精彩，然而爱也让我心中那口久干的泓泉，暗流涌动。那是一个阴雨绵绵的日子，下雨声回响在耳边。我和妈妈蜷缩在墙边，这刺骨的寒气让人直打哆嗦。妈妈脱下了大衣，猛地披在了我的身上，拉着我，向家的方向奔去。

生活因友爱而精彩。有一次，我和同学相约去足球场踢球。这六月的太阳果真不是浪得虚名，一会儿就把我们晒得心烦意乱。突然，我们发现有一瓶冰水，我把它从地上拿了起来，久久地凝视着，然后把它分给了守门员王浩，说道："你当守门员一定十分累，这水你喝了吧。"令我意想不到的一幕居然发生了，王浩接过这瓶水，把它给了前锋李明，李明接过水又给了中锋，就这样，水转了一圈，又回到了我的手里，我却一丝渴意都没有了。

生活因陌生人的爱而精彩。一次，我因淘气而摔了一跤，正

号啕大哭时，一双陌生的手将我扶了起来，我一看是位上了年纪的老爷爷，他是那样慈祥和蔼。

爱是如此温暖，让寒冷顷刻烟消云散；爱是如此解渴，让足球队员们顿时渴意全无。

人间有真情，人间有真爱，就让我们用爱去装点我们华丽的人生吧！

酸辣土豆丝

"美味的酸辣土豆丝来喽。"

每当饥饿的时候，我的眼前总能出现一道美味佳肴——酸辣土豆丝。每当我结束了一天的学习生活后，饥肠辘辘地打开家门，端坐在餐桌前，总有一股最熟悉的气味扑鼻而来，那就是我最爱的酸辣土豆丝。

我最爱的它总是由父母长辈倾心制作而成，而今天我准备自己做出那道美味佳肴来孝敬父母。

我从市场中买来几个新鲜的土豆，放在砧板上，思索了片刻，举起手边那把轻巧而又锋利的削皮刀，从空中缓缓移至土豆边，看着土豆一副宁死不屈的倔样，便马上大开杀戒。我吃力地举起沉重的刀，毫不留情地"刷刷"几刀，土豆君顷刻间变成了几片薄片。我在薄片上细密地下了几刀，它们又变成了笔芯般的细丝。土豆君已完败，现在只剩下另一边的辣椒君了。看着辣椒君，我有些恐惧，但是为了美食，我只好将它"开膛破肚"，先把里面的籽取出，紧接着将它切成丝，放入一边的碟子中。紧接着我将辣椒君、土豆君倒入油锅中，火力全开，可辣椒君在油锅中溅起了许多油滴，烫得我手一抖，锅铲掉在了地上。我立马捡起了锅铲冲洗一下，再小心翼翼地走回锅边继续翻炒。

几经周折，一盘香喷喷的土豆丝就此横空出世了。我尝了尝，味道真不错啊！

五年级作文

我不想死

从古至今，古今中外，死亡一直让人畏而远之。瞳孔放大，鼻头冒汗，直至白色的布覆盖了你……

死，是我一直无法接受的事实，但也是我不得不接受的现实。

曾经，我目睹了一个冤魂，从生的坦途，茫然地步入死的刀山与火海。那是一个平淡无奇的早晨，我若无其事地走在通往学校的必经小道上。无人的青石板路上突然传来一阵惨叫，打破了寂静。一个中年大叔神色慌张地在小路上行走，似一只折帆的船一般在海浪中前行。突然，他倒下了，就像船悄然沉入了深万丈的海水之中，这个人倒地身亡了。围观者愈来愈多，我心惊肉跳地走出了人群。

在那一次事件后，我就对死亡怀有强烈的恐惧，这让我行事十分严谨，错误大大减少，也就是我将畏惧转化成行事谨慎的动力。就这样，我一直往前走着，直到……

一次，我在仔细地翻阅一本侠传，看到了一个章节，恶人向善人拔剑欲刺，而善人的故友却把他从死神手中夺回，自己一命呜呼了。

突然，我萌生了一念：也许死可以惧，但一生中有许多珍贵的事物，值得你殊死一搏。

死亡的阴影一直笼罩在我心深处，但世间更多的美好也蕴藏在我心灵深处，而且愈来愈多，如同温煦的阳光般盖过了死亡的阴影。

死不可怕，但活着必须得面对！

我家家风

当我爸郑重地告诉我时,我却是一片迷茫,"勤为本,德造人",这句看似平凡的话语却蕴藏了无限的真理。

就这样,我带着这句貌似深不可测的家风,行走在人世中……

走着走着,迷雾中,我隐约看见农民在辛勤地播种,我走了过去,抢起锄头,和他们一起播种。就这样,汗水滋润着种子。几个月后,田间已是金黄一片,稻穗迎风不住地点头,望着漫山遍野的稻穗,家风的锁似乎被打开一些,我明白了许多。

走过这片迷雾,我在远处听到争吵声,似恶魔的呢喃。我厌恶地走了过去,看见俩人正你一言,我一语地争论着。我凑过去问了个究竟,原来这两人同是牧人。放牧时,两人的羊群不小心混在一起,双方都想从中多捞几只羊,因此,为了利益,他们便争吵了起来。我明了事理大声说道:"你们都别吵了,先静一静。"他俩不约而同地回过头,看着我,慢慢静了下来。随即我说道:"既然你们都说这些羊是自己的,那你们各自都退一步,海阔天空,各拿一半吧。"他们各领着一半数量的羊,默默地走回牧场。

家风的锁,终于被我打开了,我明白了,只要坚信"勤为本,德造人",必将受益匪浅。原来家风一直都在我身边,我过去却未曾找到。

向日葵

一株向日葵在风中摇摆着,宛若一位亭亭玉立的少女在优雅地舞蹈。阳光下,它们似在高颂一曲光明的赞歌!我对它们肃然起敬。

一支粗壮的茎,托着一个艳丽的脑袋,金枝衬着巨大的玉叶,

一朵向日葵迎着红霞与喷薄欲出的朝阳欣然怒放，展示了生命的奇妙。一片片让人应接不暇的花瓣，映着阳光，透出金黄，一朵朵花儿怒放着。那花朵蕴藏着美丽，金黄的花瓣与深绿的萼叶相映成趣，显得十分耀眼。

向日葵还藏着另一个美丽的诱惑，正是那巨大的叶子！

它那巨大的叶子与花朵遮遮掩掩，宛如一位羞涩的女子在展示她那朦胧的美。它那巨大的绿叶是一双无形的翅膀，冬暖夏凉，守护着它的美丽，关注着它的健康。

它还有一根粗壮的茎，支撑着它的生命，让它历经风雨，尽情释放生命的活力。

我爱向日葵，不仅是因为它那无尽的美，更是因为它对生命的憧憬与向往。

真的不容易

微风徐徐，拂起略黄的枯叶。身披橙色环保服的他的身影，却又一次出现在深秋枯黄的街道间。

这个小区的任何一人，都深知他的不易，却只把他当成一个使者，一个满身污垢却令小区一尘不染的使者。

他的不易，深深潜藏在人群中、枯叶间。

深秋的清晨，无处不透出彻骨的寒意。他在街道里清扫着落叶，任由上早班的人群穿梭于他的身边，将他好不容易扫成堆的枯叶踏散，随风飘入角落；再扫成堆，又一次被踏散，没入人群，往复……

我不知道，是否只有我了解他的痛，循环往复，他的付出便被遗忘，淡逝在人群中、秋风间。

他是一位年过六旬的环卫工人。

清晨，他拎着笤帚，沉浮在上早班的人群中。

傍晚，他伴着夕阳消失在暮色间。

他的家坐落在小区旁一个废弃的木屋里。虽然人人都知道一个孤寡老人做环卫工人代表着什么，但除了我们家，没人去感谢他。

不知是人们如秋风刮去落叶般无情，还是他如同随风飘落的秋叶般太过于平凡。

但是我的同为劳动者的祖父、祖母，却能感受到他深深的痛，于是便命我将舅舅送给我们家的一只上好的酱鸭为他送去。"所以并不是只有我了解他的痛。"我在心中欣然自语。不一会儿，那只酱鸭便送到了他的身边，他没有道谢，只是不住点头。我送完酱鸭便回家了，如同有蜂蜜溢在心间。

过了一会儿，门外传出响动，我没在意，探头看了看，酱鸭竟原封不动地出现在门外。我从窗口向木屋望去，他的身影已随秋风消失在了暮色中……

他，真的不容易。

雨的交响曲

瑟瑟秋风，长吁一口气，一场秋雨悄无声息地拉开了序幕。又是一场雨，似乎翻开了一本古老的书的尘封的书面。

微风初起，树影婆娑。原本，还是一抹，可当下却已翻墨，黑龙在青色的苍穹中盘旋而上，那弱势的天空早已被一片黑色赶尽杀绝。

终于，萧瑟的秋风停止了怒号，盘旋的黑龙停下了脚步。一场蓄势已久的秋雨开始了它的杀戮，整个世界仿佛都成了屠宰场，万物皆是屏息凝神。密如蛛网，细若蚕丝，成千上万的雨点，从仙界直坠人间。

雨还在下着，时而宁静，时而凶猛。

秋雨——一场迷人的交响乐，时而轻如蚊鸣，时而重如牛哞。

不知不觉中，秋雨已落幕，它悄悄地走了，正如它悄悄地来。

结束了，一切又恢复了平静。人们的谈笑声、子规的歌声，一切又回到了从前，似乎，秋雨只是一个过客。

一场秋雨，有时光彩，有时黯淡，但正是因为这样，才令人珍惜！

一场短暂的秋雨，一个生命的真理。

做木勺

回想当年，我们的祖先用血汗筑起了前不见头后不见尾的长城；回想当年，古埃及人用日复一日的辛劳，建起了神秘的金字塔。让我们的思维继续飘荡，是谁造就了这些让几十个世纪后的人们仍拍案叫绝的雄伟建筑？是创造力！在这个寒假，我也用我勤劳的双手，创造出了一个勺子，令我难以忘怀。

那是一个寒冬中难得的好天气。

我和妈妈慕名来到一个木工作坊，想在这感受一下创造力的魅力。

来到作坊门前，首先映入眼帘的是一件木雕工艺品，不禁让人连连称赞，果真不是浪得虚名。我们毕恭毕敬地走进这家作坊，和店主融洽交谈后便准备开始做木勺了。

店主给我们戴上手套，再拿起一支笔和一块木块，示意让我们在木块上画一个勺子。我思索片刻，歪歪扭扭地画了一个勺子。接着店主从工具箱里徐徐掏出一把刨坑刀，在我画勺子的地方熟练地挖着。我看得眼花缭乱，说道："我来试试！""好的！"店主将刀给了我。我小心翼翼地握着刀，目不转睛地盯着，拿着刀慢慢移入勺口中，照着店主的样子，用刀刨了一下。

刨好之后，店主又递给了我一把锯子，说："用锯子在你画的草图上锯一圈，然后交给我去加工。"

"好！"我兴致勃勃地大叫，然后拿起锯子不管三七二十一锯了下去，心想：小意思！可我刚锯了没多久就不行了。店主走过来拍拍我的肩说："别灰心，继续。"于是我摆正心态，终于锯好了，我把心仪的成品交给了店主。

在寒假中，这件事令我难以忘怀，同时也印证了一个道理：只要坚持就有可能成功。

我得到了承诺

每个人都有承诺的权利，对他人或自己承诺，使人与人之间架起了一座无形胜有形的桥，让人与人之间增加了一份信任。

而他人对我的允诺，更使我感激涕零。

10月1日，是祖国的生日，也是我的生日。10月1日前夕，我早已在心中美滋滋地构想着生日时的画面：可口的蛋糕上泛着幽幽的烛光，耳边回荡起美妙的生日歌，而最令我朝思暮想的便是礼物了。我开始天马行空般的幻想，是我期待已久的天文望远镜？还是让我无限碎碎念的NBA球星签名？或者……

可是我转念一想，想起那时妈妈对我承诺的画面。

"彬彬，这次的生日礼物绝对会让你欣喜若狂的。"妈妈有点故作神秘地说。就这样，妈妈的承诺在我心中凝久不散，就像快乐的雾，笼罩我的心头。

终于，我的生日到了，我如愿得到了礼物，一阵欣喜过后，却产生一阵深思：人与人之间若能多一份承诺、多一份信任，那么战火的硝烟定将会散去，世界定将会更加美好！

那天，我得到的不仅是承诺，更是生命的真谛：信任！

就像亲人对亲人的承诺，朋友对朋友的承诺，国家对国家的承诺。

放生

别离，是暮色中的挥手告别。别离，也许短暂，也许漫长。

幽深的夜晚，月色与夜幕占据了天空，我的脸上写满了悲伤，因为我与它别离了。

我曾经养过一只可爱的兔子，它陪伴着我，与我玩耍，成了我生活中不可缺少的一部分。可是，我从没有想过，有一天，我竟会与它别离。

那是个晴朗的日子，它在笼中进食，我喂了它几根可口的胡萝卜，它也惬意地吃着。于是我满心欢喜地回了家，把它放在小区的草地上。到了晚上，我乐滋滋地准备喂它吃晚饭时，才发现不对。

只见它的毛掉了一地，有神的目光变得黯淡，四肢有气无力地搭在草堆上，耳朵耷拉着。我看到这样的情形，心中难过不已，三步并作两步跑上楼，向妈妈说明情况。妈妈一看，也束手无策，我们两人像热锅上的蚂蚁急得团团转。爸爸见了，提议将它放生。我茫然地将目光投向它，放生，也许能给它带来生机，可这样做，会有多少不舍啊！为了挽救它垂危的生命，大家怀着沉重的心情开车前往香炉峰，到了林子前，我将它放在地上，它徐徐向森林走去，渐渐消失在暮色中。

这时，我虔诚地想："既然香炉峰是佛教圣地，也许佛祖会给它一线生机吧。"想罢，才猛然发现，脸上已全是泪水。

生活中，总会有别离，我们应面对它，而不是逃避！

窗外，那一抹微笑

窗外的柳，绿了又绿，窗外的花，红了又红，可唯有他的微笑，成了那一抹不变的风景。

"这，又是一道送分题！"深情严肃中带着愤怒的任课老师，仍如往常般训斥着我们。"无聊……"我喃喃着，将头扭向窗外，看见的仍是淡淡的风景。

正想回头时，一个苍老的身影，徐徐步入我的眼帘。一张平凡得不能再平凡的脸，身上的徽章上赫然印着——"北海小学专聘清洁工"，这九个字在阳光下闪着熠熠的光。突然，他在我们教室门口停下，随手拾起一把拖把熟练地拖起地来。我看得出了神，双目紧紧地盯着他，丝毫没有将目光移开的想法。

他仍一丝不苟地清理着，双手紧握着拖把，前、后、前、后，他机械地做着这个动作。汗珠滚动着，从额头流向衣襟，他似乎有些不舍地放下拖把，随手一抹。这时我与他的目光恰巧相遇了，我全然不知所措，双目中透出一阵阵迷茫，可他却没有立刻扭头装作不知，而是向我微笑，这抹微笑使他的皱纹更加突兀，可眼神中却又多了几分年轻，随即他便又投入无尽的工作之中。烈日下，他仍坚守着自己的岗位，任由高温侵蚀。终于，他完成了自己的工作，原本有些污迹的地板，现在却闪亮如新。

窗外，他那一抹微笑，成了我心中的一份枕秘，成了窗外永恒不变的美景。

清白之花

"凌波仙子生尘袜，水上轻盈步微月。"每每听此，我的心中便漾起水仙的清香。

水仙比及众花，多了几分朴素。玉色的纱裙上，米黄的饰品稳稳地嵌在花瓣之上，清一色的花朵摇摇欲坠地生长在根茎之上，似乎正宁神祈祷着。微风一起，它们便开始了婀娜舞蹈；微风停了，它们也随波逐流地停下优美的舞步。

远远地将目光投向它们，宛若一只只天鹅在水中尽情嬉戏。

静静端详，却又似一只只绿色的稚手，欢快地提着一支支黄装玉裹的灯笼。

水仙花底部有几只"大包子"，大大的，圆滚滚的，它的学名叫块茎，它是为水仙提供养分的，稳坐其上的，便是优雅的水仙花了。

水仙花的外形不仅动人，它的作用更是"动人"。

水仙不仅可以放在家里美化家居，带来勃勃生机，更能使空气变得清新许多，真可谓"天然的空气清新器"。不光如此，水仙的药用价值也深深造福着人类，它是天然的镇痛剂，在进行手术时，它的作用令医生们个个赞叹不已。

其实水仙也如阵阵钟声，告诫着我们要清白做人。水仙的茎十分翠绿，而它的花却如雪之白，这不正是清白吗？它告诫着人们要清白做人。

所以，我们也要学习水仙，清清白白地做事，朴朴素素地生活。这样我们的生活会更加充实，也会像水仙般散发出迷人的阵阵清香。

温暖的旅程

一缕阳光可以慰藉一个脆弱的生命，使之长成参天大树；一滴露水可以滋润一个微小的生命，使之冲破土壤。

盛夏的一个午后，天空泛着点点鱼肚白，微风带着热意吹向少年被汗水打湿了的衣襟。我在这个曼妙的午后，没有目的地闲逛着，不知不觉又走到了古老的教学楼旁。望着那座污迹斑斑的楼宇，似乎怎么也看不出它往日的辉煌。我的目光在这位"老者"身上漫无目的地"扫荡"，最终停滞在那棵不知名的树上。回忆的暖流不禁涌上心间：在一个同样炎热的午后，稚嫩的我走向了那座教学楼，有神的目光依然停留在这幢楼的最顶端。只看见一抹绿意停留在那个漆黑的角落。我好奇地望向那个角落，只见一枝小苗在微风中摇来摆去。我走出了三年前的那些回忆，现在的它已是参天大树了。健硕的枝干，浓绿的叶片，再也看不出它曾经的稚嫩。在这漫长的过程中，它从一粒种子，慢慢地长大、开花结果。

我心中暗想："在这三年的春夏秋冬里，它是忍耐了多少炎热，又是挨过了多少寒冷啊。"想到这里，我对它又多了一份尊敬。望着三年后的它，又忆及三年前的我，我在成长，它也在成长。

成长就是一场旅行，在这场旅行中，总会遇到坎坷，但这并不重要，只要努力，便一定能够成功！

幽林小径

沿着幽林小径，走在兰亭的石板路上。春风又起，掠过鹅池漾漾的水边。水透着竹叶，泛起幽绿，映出我时隐时现的身影。

我呼吸着新鲜的空气，望着密密的竹林，不知不觉中，悠闲地走进了兰亭。

初入兰亭，宛若身处一座被绿色萦绕的小院。青的竹、翠的茸，像是被大自然搂入了怀中，时而莺燕也会低吟一首首奇丽的歌曲，像是为翠绿点缀。

深入兰亭，才知道，那些竹林只是冰山一角。浓密的竹叶，晒着阳光，透出万串光斑，照映在石椅上，照映在幽深的林子里，处处都是绿色的风景。

竹林之美刚刚震撼了我的心，鹅池却又好似急不可耐般进入了我的视野。"白毛拂绿水，红掌拨清波"，鹅池上道道雪白的身影，在孤寂的竹林中也成了一处热闹的风景。只见它们在碧水间轻轻划过，带起了阵阵水波，向四周缓缓漾去。有时，它们还会打趣似的叫几声"鹅鹅——"行走在竹林间，也为兰亭增加了不少趣味。

再向前走去，是缓缓而流的清泉，泉水由高向低流动，像丝绸般萦绕在竹林间。据说很多年前，书法大家王羲之便是在这曼妙之境里写就了书法大作《兰亭序》。"永和九年，岁在癸丑，暮春之初，会于会稽山阴之兰亭……"这篇文章唯美的韵律回荡在我的心间。

兰亭，是流觞曲水的情怀；兰亭，是茂林修竹的美；兰亭，更是绍兴人心中骄傲的景点。

慎交友
——观《动物世界》有感

无助的人们，常常过于信任他人，却料不到在互相握手表示信任对方时，对方的另一只藏在背后的手中，紧攥着的是一把利刃。

《动物世界》中，主人公只不过是一位坠入社会底层的青年，偶然的一个机会，他踏上了"命运号"游轮，过上了失去已久的正常人的生活。

主人公并不是一个很成熟的人，他对来者倾尽了几乎所有的信任，可到了最后呢，当他被关进了"小黑屋"干等着窗外的人来赎他时，窗外的人却卸下了自己伪善的面具。虽然主人公依靠着过人的才智，逃出了小黑屋，可由于过于信任他人，受到的苦难却已在他脆弱的心灵上留下了深深的创伤，难以抚平。

在我们看似毫无波澜的生活中，因为过于信任他人而带来的巨浪，也时常浇灭我们对于生活的热情。

曾经，我们班来过一个转校生，他是一个典型的老实人，对所有人，他都会坦露心声，而正是因为他过于信任他人，给他带来了一次泪水的洗礼。

他来到我们班时，被分配到了一个后进生旁边。一次考试，时间十分地紧迫，我们所有人都奋笔疾书，考试结束后，我们都怀着平常心走出教室，但新转来的他却在教室里痛哭不止。后来调解好了，我们才知道原因。离考试结束只有一分钟时，他与他同桌都急需使用修正带，然而他的同桌告诉他，自己只用一两秒就可以用完，于是他将修正带借给了他同桌，可他同桌却足足用了一分钟，使他已来不及再改了。他就是因为过于信任他人，而与满分失之交臂。

朋友，是我们生活中的一种财富，信任他人的同时，我们要看懂对方的内心。切记，不要轻信他人。

成功不会来得太快
——读《二战那些事》有感

"苏联虽然广阔，但身后就是莫斯科。"读着《二战那些事》，那些幽默的语句，使我仿佛也置身于斯大林格勒炮火纷飞的战场！

德国的侵略军队，如潮水般涌入苏联广阔的土地。国土在流失，德国的军队已直逼苏联的心脏——斯大林格勒。就在德军料得胜局已定时，苏联寒冷的冬季到来了，使德军"措手不及"。最终德军不得不带着30万人被冻死的惨局，灰溜溜撤出了苏联的国土。

合上书，我想象着猖狂的德军在别人的国土上随意践踏，为所欲为。可最终呢，却落得个悲惨的下场。他们在成功的边缘摔落，坠入失败的低谷。

生活中有许多人会这样。一次模拟考，我同桌发挥超乎寻常，得了第一名，这巧合几乎能和火星撞地球不相上下了。

正当他站在欢乐的顶峰"傲视群雄"时，我突然发现他有道题错了。"呵呵，小样！"我说完，便把这情况告诉了老师。他一下子哭了，哭得惊天动地。后来我与他交谈时，他才告诉我：他以为幸运女神终于眷顾了他，但是事实却是再一次失败。他还苦笑着对我说："成功不会来得太快，每个人都一样……"

那片掌声

花儿是芬芳的，就如它的名字一般。但是，无论日晒或是风吹，却总有一朵无形的花，开在我心底那不易被察觉的角落，溢出那阵阵花香。那便是——掌声。

再一次登上舞台，我仍抑制不了第一次登台时的那种紧张，闭上眼睛，慢慢享受着摄影机工作时不协调的声响。我已经不能记起这是第几次登上辉煌的舞台了，只知道能登上神圣的绍兴大剧院的舞台是第一次。

作为少先队员代表，我有幸成为主诵。每一个中午排练的汗水化作了一片片各不相同的拼图，终于到了这一天，我有能力将这些拼图拼成了我眼前大剧院的模样。

我在心中倒数，当数字归零的那一刻，我走向舞台中央。心中将台词偷偷地念了一遍后，我缓缓地开口，将熟得不能再熟的台词含情脉脉地念了出来，而后又认真地聆听着其他少先队员代表的发言。时间悄然流逝如沙漏中的沙，转瞬即逝。终于，当灯光渐暗时，我咽下了一口唾沫，我知道，我们已完整而成功地完成了这次演讲。三，二，一，掌声瞬间响起，我深知这掌声中的一部分是送给我的。我缓缓退下舞台，心中仍回荡着那久久不能散去的掌声。掌声在我心中渐渐荡漾开去，绽放出了一朵朵五彩的花儿，它们的芬芳萦绕在我的心头。我变得自信，心中的花儿似乎也变得愈加美丽。

每个人心中那片角落，总会盛开这一朵花儿。只有用汗水浇灌，用掌声施肥后，它才会喷发出最浓郁的芬芳。

婧媛

KAN DAO SHI JIE DE GUANG

篇

四年级作文

夸夸我的好老师

今天，我在听一首老歌《长大后我就成了你》，歌词感人，曲调优美。我的脑海里不禁想起我的班主任——詹老师。

詹老师很美丽，是我们公认的大美女。她的眉毛细细长长的，就像天上那弯弯的月亮；她的眼睛大大的，目光炯炯有神；她的鼻子挺挺的；她还有一头长长的秀发。每天，她像美丽的鸟妈妈，领着一群小鸟飞来飞去。

詹老师很神气，她说一句话就能惊天动地。只要同学之间闹矛盾，詹老师就化身为法官，判定谁该怎么做，谁该怎么说。她还经常在黑板上写一些道理，告诉我们长大后要做什么。詹老师有时温柔，有时严厉，但我们都十分喜欢她。

詹老师还很神秘，无论多大的难题，到了她那里都成了乐趣。她就像知识海洋里的风帆，为我们领路，当我们遇到难题时，她不费吹灰之力就可解决，并耐心地教我们解题思路。

詹老师总会把正能量传递给我们。每次运动会时，詹老师为我们呐喊，让我们紧紧团结在一起；当我们胆怯、灰心丧气时，她用有力的话语鼓励我们变得勇敢、坚强。

歌曲还在播放，我在心里悄悄许了个愿：长大后我也要成为您！

生活中的美与感动

这周的作文题目是"寻找生活中的美与感动"，我怎么也写不出来，唉！

妈妈说："如果你想不出来，那么就踏进大自然，走进生活中去感受。"于是，我走出门，去寻找美与感动。

　　下了楼，走在小区的公园里，一眼望到一棵棵金灿灿的银杏树挺拔极了，温和的阳光洒在我的脸上，使我神清气爽，"好久不见，灿烂的阳光！"我叫道。我的周围还有一些红似火的枫树和一些快凋谢的小野菊；头顶是湛蓝的天空，上面还有几朵雪白的云。啊！这就是大自然给人间带来的美好，这就是美、感动！

　　我和妈妈叫了一辆网约车，但是我们不小心说错了等候地点，害得司机绕了一大圈。妈妈觉得非常不好意思，问司机："要不然我们走过去？"司机却热心地回答："不用了，不用了，你们站着别动，还是我开车过去方便。"啊！这就是人性美。

　　到了羽毛球馆，我还是和平常一样训练，但是似乎又和平常不一样了，因为今天我是带着寻找美与感动的眼光来的。我看见学友们个个专注地练习，一个小小的动作，他们失败了无数次，他们重来过无数次。他们挥洒着汗水，为自己的一个目标、一个梦想努力拼搏着。

　　啊！这就是学生的执着和付出，这就是美、感动！

　　噢！原来美与感动有许多种：自然美、人性美、付出的美……美与感动无处不在，只要我们拥有一双善于发现美的眼睛！

春天的赞美

　　走进公园，伴随着一阵阵春风，春天终于来了。

　　早晨，在徐徐的春风中，小草探出绿色的小脑袋，遍地开放的鲜花更加艳丽。艳阳高照，红花更红，绿草更绿。桃树、杏树上早已冒出了无数个小花苞，闭上眼睛，一阵阵微风将桃花、杏花的香气送进人们的鼻孔里，仿佛大地早已春色满园、万紫千红。小蝴蝶、小蜜蜂在花丛中捉着迷藏；河边的柳树姑娘一会儿梳着头发，一会儿跳着舞，一会儿用发梢抚摸人们的脸颊。春光水碧、绿波粼粼，小河早已把寒冬忘记，欢快地舞动着。河畔的小野花有节奏地向我点头，向我招手，向我鞠躬，对我表示热烈的欢迎。天空的云彩也不忘加些欢快的气氛，在空中变化多端，像小狗，像老人，像狮子……

到了傍晚，夕阳染红了整片天空。燕子先生穿着燕尾服终于赶到了，准备着全家团圆的晚宴。一行大雁从天空划过，像是在骄傲地喊："我们又去环游世界了！"

夜晚，天空中繁星点点，不停地眨着大大小小的眼睛；月亮高高嵌在群星中，好似一只弯弯的小船。公园里一片寂静，只有那满是香气的桃树在公园舞动；只有那长着辫子的柳树在空中飘荡；只有那脑袋翠绿的小草在地上休憩。

春，是四季之首；春，是五彩的调色盘；春，是希望的象征。让我们在这万紫千红的世界里一起奔跑吧！

端午时的生日

五月初五，端午节，是纪念屈原的日子。那一天，人们包粽子、吃粽子、赛龙舟……对于我来说，这一天很重要，因为那是外婆的生日。

又逢端午，我们回老家给外婆庆生，大家隆重欢迎我们，外婆见我们来了，赶紧走到我身边。其实对我来说，重要的不是生日，而是外婆。

我从小是外婆养大的，每次从绍兴回家，第一个来到我身边的人就是外婆。但是，如今再看外婆，已是皱纹满面；岁月将她乌黑的头发搅乱，一根根银丝替代了她的黑发；病魔已从她的腿慢慢往上爬，让她得了风湿。岁月的痕迹仿佛清晰地在她身上留下……

还记得我上幼儿园时，想吃草莓味的棒棒糖，我跟外婆说想要粉红色的，外婆从店里买来的却是橙色的，于是我大怒："我

要吃粉红色的，你连颜色都分不清吗？你可以回老家去了！"现在回想，我惭愧万分，我不该这么对外婆说话，真想让时间倒流，从头再来。

还记得，外婆每天为我们做饭，照顾我，哪怕她的腿得了风湿，还是一丝不苟地照顾我们，把我们家打扫得一尘不染。我很感谢外婆，她总是把我们的事当成最重要的事。

"时间都去哪了，还没好好看看你眼睛就花了。"时光飞逝，岁月如梭，外婆已年过花甲，转眼间我也快读完四年级了。我只想说："时间，你慢慢走，不要再让我的外婆变老了！"

劳动的颜色

这周的作文主题是"劳动最光荣"，我却怎么也想不出如何写，所以我决定和妈妈一起劳动，并在劳动中寻找真谛。

我和妈妈一起整理了书籍、杂物，抹桌子，我还拿起拖把拖地。洗衣机里的衣服洗好了，我忙着拿出去晒，还把晒干的衣服收进来，一件件折好。

时间真快，一个上午我还真没闲着。

劳动后，我发觉劳动是有颜色的——它是五彩缤纷的！比如，我们一听到劳动两字就难免联想到此起彼伏的麦浪，大片大片的麦子，在阳光的照射下，闪闪发光，格外金黄，劳动是金色的！劳动是绿色的，菜园里的蔬菜宝宝看准时机，穿上绿色的外衣，不想再脱下了。还有那乡下门前绿色藤蔓上挂着大大的绿瓜，把乡下的房屋装点得精美别致！劳动是红色的，大片的果园里挂的全是"红灯笼"，这些小"红精灵"把绿色的枝叶点缀得格外热情，仿佛在引诱人们赶快去把它们摘走！劳动是黑色的，否则洗衣服的水怎么会越来越黑呢？劳动还是无色的，你瞧，我们班的玻璃被我们擦得不留一点污渍，如果一不留神就会撞一个大包……

劳动的颜色是五彩缤纷的。

在这一次劳动中，我不仅找到了劳动的颜色，还品尝了劳动的滋味——什么味道都有！它首先是苦的，否则怎么会这么累呢？它还是甜的，劳动完，喝口水，你就会尝到它的甘甜！它还是咸的，汗水滴进你的嘴，你就会感觉到……劳动的味道也有很多种。

劳动完，妈妈叫我吃饭了，美味的菜肴等着我。一瞬间，我发现劳动也是一顿大餐，它色香味俱全。

目标与坚持
——读《哈佛凌晨四点半》

你们见过哈佛大学的凌晨四点半吗？当我们还沉浸在梦乡的时候，哈佛图书馆已灯火通明，座无虚席。所以今天，我向大家推荐的书是《哈佛凌晨四点半》。

这本书是由很多哈佛学子的真实小故事组成，书中选取的每个故事，都具有深刻的意义，只要读几篇，潜移默化中就能够有所领悟，有所改变，有所进步。

令我记忆最深刻的两章是"志存高远"和"坚持不懈"。有些人会问："你将来想成为哪一种人？"一些人会说："不知道！"读了这本书，我就明白了，每个人都要有一个目标、一个梦想，哪怕是一块绊脚石也要有理想。而在这一章节，还让我记住了三句话："有了梦想还要坚持下去。""成功的路是由目标铺成的。""让目标像北极星一样闪亮。"一个人可以什么都会做一点儿，但必须有毅力有决心去精通一件事，就是拥有自己的目标。所以我们应该志存高远，做御风展翅的雏鹰。

"有了梦想，还要坚持下去。"我们有了目标，还得坚持不懈地去实现它。我们要有一种不甘落后的精神，要有积极主动、

上进、成为精英的心。要知道"世上无难事，只怕有心人"，"奇迹往往就在于再坚持一会儿"。只要我们坚持，说不定奇迹就会发生。水滴石穿——非一日之功。请给成功"再试一次"的机会。这让我明白，面对困境，坚持是最好的利剑，一个人想获得成功，就永远不要放弃。

我希望大家去读一读这本书。人生短暂，有所成就才不负韶华。国外有句谚语：早起的鸟儿有虫吃。就让我们做一只早起的鸟儿，从小学阶段开始，向着哈佛飞去吧！

清明雨纷纷

"清明时节雨纷纷，路上行人欲断魂。"然而今年的清明却是春光明媚。

"清明"既是一个节气，也是一个节日，每到这一天，我们都要去扫墓。扫墓时，大家都怀着沉重的心情上山。到了墓前，我们先把墓前的杂草除尽，再挖一个坑，然后奶奶在墓前放上可口的饭菜，再放上一些嫩草。在墓上加土加草，这样做是让先人保佑下一代兴旺发达。之后我们点上香和蜡烛，在墓前拜了又拜，个个神情严肃，嘴里不停祈祷。最后点燃鞭炮，我们在鞭炮声中下了山。

在下山途中，我看到了潺潺流动的小溪，正在演奏一曲欢快的交响乐，漫山的桃花粉得娇嫩，红得热情，真是"桃花一簇开无主，可爱深红爱浅红"。大片大片的油菜花仙子穿上美丽的金黄色舞裙随风舞蹈。一对燕子，从我头顶上掠过，我心想"飞燕衔泥，它们开始筑巢了！"柳树姑娘的发丝轻轻抚摸着人们的脸颊，这长长的发丝，被风儿、雨儿吹洗得格外翠绿，冒出了嫩绿的新芽，我说道"杨柳吐芽，它们开始生出新的生命啦！"梨花朵朵绽放，露出一个个洁白的小脸蛋。

我们看到这明媚春光下万物复苏的景象，扫墓时的伤感已经烟消云散。死亡虽然不可避免，但是生命却生生不息。

书香家庭

书，是人类进步的阶梯；书，是人获取知识的源泉；书，是我们最好的知己。我们家的家风就是爱看书，每天晚上全家都畅游在书的海洋中。

记得那天晚上，下着倾盆大雨，我家却安安静静。爸爸坐在书桌旁，皱着眉头，因为要参加考试，他仔细用笔勾画着《水利工程与建筑》里的重点。妈妈靠在沙发上，专心研究着《人间词话七讲》，用红笔圈出生僻字。

我在一旁玩拼图，"哗啦"一声，拼图洒落在地上。我的脸"噌"的一下红了，急忙抬头看父母，只见他们丝毫不受影响，沉浸在书的世界里。我悄悄收好了拼图，不再玩了，之后我就在旁边玩魔方，偏偏魔方又从我的手里飞了出去，弄出很大的动静。妈妈似乎再也忍不住了，往我这边瞥了一眼："婧媛，要记住，任何场合都不要影响别人看书。"起先，我觉得好委屈，可是后来发现周围环境很安静，连在后阳台上的植物叶子动了一下，我都能听见。渐渐，我也捧起了一本书，进入了书中的奇幻世界。原来，书中有许许多多的故事、知识、未解之谜等，从那刻起，我真正爱上了看书。

现在，我的房间、写字桌、客厅、沙发等地方都堆有书籍，我的手随时都能拿到书。当我出去旅行时，我的行囊里也准有书。我们一家人在泡脚的时候背古诗，在坐车的时候看小说，在周末的时候会找一个安适的地方看一本书。书让我们一家三口成了更好的朋友，书也让我们一起成长。

家风，在我眼里是教导，是力量。我家的家风教导、鼓励我去看书，让人生溢满书香。

我来到了魔法森林

"我数到十，就来找你们，你们要藏好哦！一、二、三……"一个小伙伴在大榕树下喊道。其他小伙伴一哄而散。我左右张望一下，往大榕树后面的小路跑去。路边有座废弃已久的小屋，据说这座小屋很可怕，夜晚会发出怪异的声音。

"……九、十！我来喽！"小伙伴叫道。

我听到小伙伴走近的脚步声，一转头，冲进了小屋。小屋里到处都是蜘蛛网，偶尔有几只老鼠窜过，把我吓了一跳。我三两步冲上了阁楼，阁楼里很昏暗，什么也看不见。突然，我被什么东西绊了一跤，原来是一个精致的木头箱子。打开一看，里面有一张地图，上面写着："魔法森林"。地图下面还有一只木头小鸟，散发着微弱的光。我将地图和木头小鸟紧紧握在手中。忽然，木箱上浮现出一行字："如果你想有一次意想不到的经历，就在今晚12点，到大榕树下来吧！"我到底该不该去呢？这时，我听到外面的小伙伴在呼喊我的名字，于是我拿起地图和木头小鸟冲下楼去。

皓月当空，月明星稀，在这个月明人静的夜里，仿佛一切都睡着了。我躺在床上，手里握着那精美的木头小鸟，等着午夜的钟声敲响。

不久，钟声响了12下。我轻轻地起床，悄悄地溜了出去，来到大榕树下。大榕树仿佛认识我，在树根处缓缓打开了一道门。我手中的木头小鸟慢慢飞起，用嘴啄门上的钥匙孔……突然，门开了，一股凉风迎面而来，我跨了进去。

眼前一片漆黑，什么都看不见，两旁都是石头。我一边摸索一边往前走，忽然眼前一片豁然开朗，只见头顶上悬着一串字："欢迎您来到魔法森林"。

　　四周很安静。我打开地图，按照地图上的指示朝前走。我看见一棵棵大树横躺在地上，只剩下树桩留在原地，散落一地的鸟巢，凋零的花朵，杂草丛生。显然这里和地图上描绘的场景不一样。这里是魔法森林吗？这里曾经发生了什么？

　　突然一只身形像闪电一般的雪狐窜到路中间，它看见我手中的木头鸟儿，就朝四周喊："快出来吧，我们的伙伴来了！"话音刚落，就从草丛中窜出一只小兔子，它跳上我的手掌，在我手中休息；从树上跳下一只可爱的小松鼠，落在我的肩上。我的四周都是动物：野猪、黑熊、梅花鹿……它们望着我手中的木头小鸟，眼神里充满期待。"青鸟，苏醒过来吧！"它们开始大声呼唤。渐渐地，我手中的小鸟活了过来，五彩缤纷的羽毛在月光的照耀下更加美丽，周身散发着微弱的光芒。它努力扇动了一下翅膀，又无力地蜷缩在我的掌心，看得出它很脆弱。大家围坐下来，动物们向我诉说这里曾经发生的故事："很久很久以前，也有人类来过这，他们给我们好吃的，和我们做朋友。但人类太贪婪了，他们为了发展领地，乱砍滥伐；他们为了享受美味，开始大肆猎捕动物。所以这个本来四季如春、鲜花盛开的魔法森林变成了现在的死亡之地。"这时，青鸟竟然发出了强烈的光芒，我用指尖轻触青鸟，所有森林的记忆，就像一股暖流，缓缓流进我的心田。一个神秘的声音在呼唤："亲爱的孩子，月圆之时，找到透着银光的珍珠，才能拯救青鸟，让春天回到森林中。"然而大家都不知道银光珍珠在何处，都失望地低下了头。"我们只要用心，一定可以找到它。"我说。于是我们决定一起去寻找银光珍珠。

　　我和朋友们在森林中走了很久，发现一只金山雀静静地站在断裂的树桩上。黑熊说："这里有些树是被人砍倒的，但不知道为什么，一夜之间，其他的树木也全倒了。"我望着山雀妈妈孤单的背影，很伤心很难过，但我什么都不能做，我只能默默前行，

继续寻找银光珍珠。

　　森林里的小路很难走，我老是被土石绊倒，被树枝刺伤。我痛得坐在地上，雪狐想找点儿清水为我清洗伤口，却发现小溪都被土石填平了。

　　我们继续前行。但是银光珍珠在哪里啊？

　　我望着手中的青鸟，听见它发出微弱的哭声，周围的光芒渐渐消失。我看着身体越来越透明的青鸟，就像晨雾一般，随时会飘散到空中，我难过地把它贴近自己的胸口，一滴泪悄悄落了下去，在月光的照耀下，泪珠闪着银色的光。

　　神奇的事情发生了，青鸟渐渐醒来，这次，它扇动翅膀，飞出了我的手心。它在四周飞来飞去，将春的气息四处传播。在青鸟飞过的地方，万物复苏，阵阵春风吹来，森林又变成了鲜花盛开、鸟语花香、四季如春的模样。

　　银色月光洒满森林，春神在这个魔法森林中跳舞。所有的动物都出来了，它们唱起歌、跳起舞，为自己的家园庆祝。我悄悄告别了这个奇幻的世界，跑回进入森林的地方，回到了大榕树面前。我跑回家，跳上小床，安然入睡。

献给妈妈的诗——妈妈的爱

春天——
妈妈的爱，像花，
她五彩缤纷，
装点着我们欢乐的童年。

夏天——
妈妈的爱，像荫，
她遮风挡雨，

帮助着我们克服成长中的挫折。

秋天——
妈妈的爱，像穗，
她硕果累累，
告诉着我们付出才会有收获。

冬天——
妈妈的爱，像雪，
她无比纯洁，
无论我们身在何处，
母爱总是纯洁无私。

谢谢您给了我生命中美好的一切，
祝您——
母亲节快乐！

心情变奏曲

星期六下午，我独自骑着自行车飞驰在马路上。

哎！我的心情糟糕透了：随笔，没思路；奥数，有一题不会；新概念英语，还有那么多单词要背……我望着地面，一层灰蒙蒙的尘土盖在上面；盯着树叶，一片黄黄的落叶优哉游哉地飘落下来；仰望天空，铅灰色的，随时可能下大雨；再感受风，虽然是春天了，可是风还是冷冰冰的……真是个灰色的日子。

我一路骑着自行车，很快到了鉴湖边。平时风景宜人的鉴湖，今天也变得黯淡无光！平时热闹非凡，今天却寂静无声！平时美如画，现在却毫无生机！

我朝河边骑去，看见边上都是晒着的青菜、咸菜。我来到了一条长廊，一曲悠扬的民歌传入耳中，只见一位阿姨正边唱着歌边洗衣服。我也渐渐陶醉了，我最喜欢唱歌，每天都离不开歌声，这会儿我跟着节奏也哼起了小曲，不知不觉我的心情舒畅了许多。我再一次仰望天空，咦？天空什么时候变得这么蓝，好似一块晶莹的宝石；望望树叶，咦？怎么变得这么可爱，迎着风，片片舞动，偶尔飘到我的发梢；再感受风，咦？怎么变得这么暖和，我的两只冰冰的手也渐渐热了起来。阳光普照大地，鉴湖在我眼前轻轻荡漾，波光粼粼，水面反射着的阳光，明亮地照耀着我的眼睛。

这时我想到了妈妈，我朝家的方向飞驰而去，我有好多话想对她说。

此时并不是温暖的春天，我的心却比春天还要温暖。

坚持的力量
——《摔跤吧！爸爸》观后感

我含着泪看完了《摔跤吧！爸爸》这部电影，它使我明白了许多道理。

这部电影讲述的是：马哈维亚先生把自己的女儿培养成了印度第一个拿国际金牌的摔跤选手。

在培养的过程中，遇到了无数挫折，并且马哈维亚先生家里很穷。

马哈维亚先生有四个女儿。大女儿吉塔与二女儿巴比塔，都有一点儿练摔跤的天分，所以马哈维亚就用近似残酷的训练来培养她们。我能在吉塔和巴比塔训练时感受到她们的心情，比如在爸爸训练她们体能时，会想："爸爸怎么了，为什么要这样对我们！早知道就不练了。"当她们为自己的错误找借口时，爸爸就把她们的头发剪了，这使她们伤心极了。她们整天像男生似的，在大街上被人取笑……直到她们在一场婚礼上，向新娘诉苦时，新娘却告诉她们："你们爸爸至少把你们当成他的孩子，不像我一样14岁就被安排嫁人了。"这也使她们顿悟了，原来父亲的训练并不是那么残忍，所以从那以后她们便每天坚持训练。

联系生活，我感到很羞愧，我每天都不做体能训练，跑一会儿步就觉得累了；而她们每天在泥地里跑步，在沙地里翻滚。以前我每个星期天坚持跑步，现在也不坚持了；而她们每天坚持，最终变成了摔跤冠军。

这部电影让我受益无穷，它让我明白：坚持就是力量！许多学习与训练项目，不一定是你最钟爱的东西，但是只要坚持，你也会慢慢爱上它们的。

烟雨中的她

水光潋滟晴方好，山色空蒙雨亦奇。

这次，我又来到了西湖，恰巧碰上阵阵烟雨，西湖向我们展示了不一样的风采。

刚上白堤，水中的"接天莲叶"上已经有几颗亮晶晶的跳动着的小精灵，莲叶是它们的蹦床。一旁，一朵嫩粉的大花苞鼓着，似乎随时都可能绽开；另一旁，一朵盛开的荷花歪着头，看着她前面正在舞蹈着刚绽开一点的妹妹，在莲叶中等待人们给她拍照。

雨水落下，仍是小小的雨滴，落在我的镜片上，模糊了我的视线。我不能看到远处的雷峰塔——白娘子的宾馆，只能看到眼前的雨中仙子——柳树；不能看到水中的大小船只——隐隐约约在水中游荡，只能看到邀请杨柳仙子跳舞的绅士——桃树。看着它们两两配合，桃树在一旁挺立，杨柳在风中转圈，忽然向我们这儿招手，竟又洒了几滴雨水给我。

我擦拭过眼镜，上了一座桥。看着那水中船只穿梭，看着那

水面的圈圈波纹，这种朦胧感是她的特点。只是西湖，没有绍兴八字桥下的小桥流水人家，没有东湖水上的热闹戏台，更没有沈园与鲁迅故里那儿的乌篷船。雨，是西湖的泪；风，是西湖的呼吸；而烟，是西湖的衣纱。

下了桥，没了雨。头上是绿荫，两侧是商店，耳边是雨声，眼前是空旷的马路。

烟雨中，我只去了白堤，但这也足够了。

烟雨中的西湖也有别样的精彩，哪怕是威尼斯，也没有可比之处。

这一次的西湖之旅，使我难忘。

我不会忘记，

烟雨中的她……

剖鱼人

今天，我准备给爸爸妈妈做一道"红烧鲫鱼"，于是我兴冲冲地去了菜市场。到了一家鱼店，妈妈便开始在我耳边说："这条太小，这条太大，这条还行，就这条！"我拿起网兜，在水中捞那条鲫鱼。鲫鱼灵活地窜来窜去，好不容易捞到了，它又跳了下去，溅了我一身水。我想："我就不信我捉不到你！"我再拿起网兜，把鱼快速捞起，立即按在地上，再小心翼翼地把它从高处扔下去，自己躲得远远的。"终于死了。"我舒了一口气。

我把鱼拎回家，戴上手套，拿起剪刀，把鱼倒在水槽里。我将鱼提在空中，用剪刀去鱼鳞，真是太难了！鱼鳞太硬，怎么去也去不掉，仿佛和鱼肉被502胶水贴在一起一般，我去了很多次，鱼鳞倒没被去掉多少，肉都快被我割完了。"好累啊！调皮的鱼鳞都快蹦到我嘴里了。"我想。我便向客厅叫道："妈妈，速来救驾，我要累死了！"妈妈走过来，开始去鱼鳞，不一会儿，只见妈妈拿着没鳞的鱼在水中反复冲洗。"你看，不是好了吗？"妈妈笑眯眯地望着我。为什么妈妈这么快就去完了？我忍不住惊叹，嘴张得比"O"还要圆。

下一步——取内脏。这是我最讨厌的一步，恶心的鱼内脏己在我脑中徘徊，简直让我反胃！我只能心不甘情不愿地拿起刀，在鱼肚子上割了一条缝，用两只手把缝拉大，再把手伸进去，抓出一大团血红血红的东西，扔进水槽，血溅得到处都是，甚至都溅到了我的脸上。还有一个像刷子一样的鱼鳃，这些简直太恶心了！我只能闭上眼睛，抓出来就扔掉。

终于完成了，恶心的一步过去了，接下来是最后一步了——将鱼洗干净。我把整条鱼连同我的手一起里里外外洗了一遍又一遍，直到没有脏东西为止，边洗边自言自语道："简直太脏了，下次不干了，我可是很怕脏的。"

要下锅了，我只负责把鱼往锅里一扔，放点盐，接下来就交给妈妈了。

妈妈端出鱼来的那一刻，我心里美滋滋的，虽然后来烹制是妈妈帮忙完成的，但我完成了"杀鱼人"的任务，也可以算是半个厨师啦！

全能老爸

我的爸爸在人群中很显眼。他有一米八五，在人群中总是略高一点儿。他特别瘦，别人身形是倒三角，他却是长方形，骨头轮廓也很明显，浓浓的眉毛中间总有两道皱纹，那是岁月的痕迹。

我的爸爸是"老师"，我的老师。每当遇到很难的数学题，我就问他，他总是一遍又一遍耐心地教我。最神奇的是，他只给一两句的提示，我就能做出来了。

我的爸爸是"牙医"，我的牙医。每遇到快掉牙或很痛的情况，

我就找他，他总能帮我解决。最神奇的是，我怎样拔都拔不掉的牙，他只需轻轻一摇后，我嘴里吐出一口血，牙已在他手中了。

我的爸爸是兼职"保镖"，也是我的教练。我喜欢运动，他每次都教我新技能，有时，我也能教他。有一次学校运动会，我是长跑、垒球的运动员，他一有时间就教我长跑怎样跑，怎样冲刺，教我扔垒球怎样助跑，怎样发力。当他是"保镖"时，又那样负责，我玩双控、单控时，他总在旁边看着，如果我受了伤，他总能帮我治好。

我的爸爸，他还是救火英雄，这是最令我骄傲的。妈妈经常跟我说："爸爸以前当兵，当过消防员。他在救火时，还把半边脸烧伤了！"我有一次回老家，目睹了爸爸当兵时的所有荣誉。

我很幸运有这样一个全能的老爸，不过他有时却像傻瓜，这就是我的老爸。

五年级作文

我收获了快乐

我很乐观，每一天都很快乐，快乐是可以滋养我的灵魂的。

我6周岁生日，爸爸妈妈约了很多好朋友一起去游乐场。我们一进门就兴奋不已，讨论着要玩什么，我迫不及待地拉着爸爸妈妈先买票，"妈妈，先给我们买票，你们摆烧烤架时，我们可以玩。"我最喜欢"袋鼠跳"与"碰碰车"。玩"袋鼠跳"时，机器到一个点就会剧烈摇摆，我和伙伴们忍不住惊声尖叫；玩"碰碰车"时，我们约好不能撞到别人，这样我就可以好好展示一下我的车技。我们玩累了，吃了香喷喷的烧烤，这使我收获了快乐。

到了北京的坝上草原，我和妈妈以及一位同学慢悠悠地在草原上骑马，享受清新空气。返回时，我们奔驰在辽阔无垠的绿色草原上，渡过浅浅的小溪。我们还看到了大片大片的小野花点缀着绿色泛滥的原野。有惊奇，有欢笑，这次我收获了快乐。

一天晚上，在坝上草原，下着倾盆大雨。我们热闹地在雨棚里享受着美味的烤全羊、烤羊腱子，吃完，我摸着吃撑的肚子，回到房间，不停地打着嗝，脸上露出了满意的笑容。这次，我又收获了快乐。

我每时每刻都可以得到快乐，可以从悲伤的事中寻找到隐藏的快乐，可以从一件很小的事中感受到快乐。我，是一个乐观的人。

夏的交响曲

"小荷才露尖尖角，早有蜻蜓立上头。"蜻蜓在荷叶间嬉戏，"嗡嗡嗡嗡"叫唤着初夏的到来；知了也加入了和声中，在树旁高歌"知了，知了"；蚊子们听到叫唤，一齐"嗡嗡"地飞出来，给这个小和声添加新的旋律；鱼儿也迫不及待地来到这首曲子里，在河里"啵啵"地吐泡泡；风儿"呼呼"吹拂着大地，树叶小子就"沙沙沙"唱起伴奏。夏的交响曲已奏响。

几片乌云发出巨大的"隆隆"声，大雨"哗啦啦"地下，风儿"哗哗"地吹，雨水"滴滴答答"地和着其他的旋律。圆盘似的荷叶上的小水珠仙子，这儿跳一下，那儿跳一下，"啵啵啵"唱出了夏的声音，舞出了酷暑的身姿。小溪也不甘示弱，在雷雨过后，伴着阳光，"哗啦啦"地装点已进入高潮的交响曲。

小孩们在空调下，"呲溜"吸着西瓜汁，"扑通"跳进泳池。老人们藤枕石床，"哗哗"摇着扇子，栩栩然。在太阳下，人们"啪啪"打着蚊子。空调外机"咕咕咕"转着，"滴答滴答"漏着水，电扇"嗡嗡"转着，小鸟"叽叽喳喳"叫着，似乎看着我们这么高兴地演奏，也来展示一下它清脆的歌喉。知了叫得更响了，池塘里的天生演唱家们也准备好了，"呱呱呱"，它们响亮、有力地演唱着交响曲的尾声，夏也快过去了。

夏的交响曲，是大自然的声音，是动物的歌声，是植物的音乐。

笑着活下去
——读《佐贺的超级阿嬷》有感

在广岛原子弹爆炸后，主人公德永昭广的父亲只身"回广岛看看"，却因受到核辐射而过世。因无力抚养孩子，母亲只好将年仅8岁的昭广寄养到佐贺乡下的外婆家。虽然那里的生活很穷很艰苦，乐观的外婆总有神奇的办法让日子过下去，让生活充满创意和欢笑。

阿嬷家很穷，必须得节俭。买豆腐时，总是买五毛钱一块的破豆腐，因为好豆腐要一元。昭广要学一门技艺时，需要花钱的都不学，只能练跑步，而且必须要脱鞋，否则鞋会磨破。眼镜断了，将就一下，就过去了。但阿嬷也很大气，该花钱时还是得花。昭广看了妈妈给阿嬷的信后，原来吃两碗饭的他只吃一碗了，阿嬷却说，不管怎样，先得填饱肚子。运动会要开始时，阿嬷买了最贵的钉鞋送给昭广；医生在给昭广治疗眼睛时，把医疗费免了，还送了昭广车费，可阿嬷却严厉地说："怎么可以免了，该花的还是得花！"

阿嬷还很聪明、乐观，一切问题到了她那都可以解决。家里缺钱时，她就想办法，用废铁换钱；家里缺菜时，在家旁的河里总能拾到漂来的菜，洗洗就可以吃了。

这正如生活中，人们总会有无法避免的一些困难。我们应乐观，遇事往好的一面想，渐渐地，坏的一面就会被忘记，我们应该要乐观地面对生活。

我们不能沉浸在虚幻的世界里，因为我们无法逃避一切现实。但我们可以学会乐观，像昭广的阿嬷一样，笑着活下去。

珍珠蚌与珍珠

我感到一股"邪恶"的气息，一股鱼腥味钻入我的鼻孔，顿时我汗毛直竖，立即捂住口鼻。

一团黑乎乎的东西出现在我面前，我十分确定，那"邪恶"的气息就是它散发出来的。那这到底是什么呢？黑黑的，像一把扇子，外壳很硬，壳上的图案呈螺旋状，表面还被一层水笼罩着，比贝壳粗糙一些，但又不是贝壳，扒开来里面是闪亮亮的珍珠，让人两眼发光。原来是珍珠蚌！

我以前从来没亲手取过珍珠，既然打开了，我立即抓出了两颗晶莹剔透的珍珠。它们很润滑，被水掩盖着，仿佛是刚出浴的美女；它们晶莹剔透，被水衬托着，仿佛它们就是万众瞩目的明星；它们很闪亮，被水冲洗着，仿佛冲洗出了它们独一无二的华丽光泽。我真是爱不释手。

珍珠蚌，一个黑乎乎的大贝壳，将无数小沙子合成晶莹的珍珠。珍珠，出于珍珠蚌，"出淤泥而不染"。在我们眼里，珍珠是天然的手链、发饰、项链、金钱，可能我们会把珍珠蚌给忘了，觉得它只不过是一个贝壳。其实，美丽的珍珠都是在珍珠蚌里产生的。

珍珠蚌虽然很难看，但有了它才能够产出珍珠哦！

中秋别离

去年中秋，本应是一个团团圆圆的日子，但在皎洁的月光下，我们却经历了别离。

那天下午，阳光灿烂。我高高兴兴地到诸暨的二舅婆家，却吓了一跳，里里外外全是人，全都是亲戚。我连忙进去，一一问候后，便躲到妈妈身后，问："妈妈，这是怎么了？"妈妈笑眯眯地答道："一次别离，你的小舅舅！"

"一次别离？为什么？我再去打听一下！"我想。客厅里，有些人在发微信红包，有些人在举杯庆祝，有些人在和小舅舅拍照，有些人在一旁说说笑笑。

突然间，小舅舅到我身边敬了个军礼，我吓了一跳，看了他几眼，我爆发出一阵狂笑：小舅舅的军衣有些褶皱，显得很脏。军帽戴得很高；因为他体形微胖，所以不断收腹，原来他是要去当兵了。爸爸看到他也笑了，把他的军帽压低，保持几秒后，嘀咕着什么，又把军帽戴在自己头上。嘿，爸爸也回想起他绿色的军旅生涯了，想当年，他也当过兵啊！

天慢慢黑了，最后一抹晚霞已消失在天边一角。晚饭时，我们举杯庆祝，祝小舅舅一切顺利，祝他成为一个真正的男子汉。

渐渐地，天空乌云密布，月亮藏进云朵里，下起了倾盆大雨。一颗泪珠从我眼眶中滚了出来，3年不能再见了。

我们把小舅舅送到火车站，万分不舍。

回到家，雨已渐停，四周是一如既往的寂静，月亮依旧皎洁，夜已深。

别离，是为了下一次更好的重逢。在床上，听着外面隐隐约

约的雨声，我想……

爱——与众不同

我的父母很奇怪，我知道他们爱我，但我觉得他们表达爱的方式跟别人不一样。

我的爸爸很奇怪，俗话说"严父慈母"，可我爸却没我妈妈严厉，他管我的肚子——身体所需的食粮。有一次，我英语考了93分，他没生很大的气，对我说："回家，烧饭！"到了家，我被我妈数落了一顿，数落完，我也就没有心情吃饭了。爸爸突然拉下脸："这么点儿饭都吃不完？"我只能小口小口地强迫自己吃下白饭。"菜呢？多吃点！"只听他朝我吼。

我星期天上午要去上奥数课，爸爸就在家给我烧"爱心餐"，洒下许许多多的"爱心"，中午带着"爱心饭盒"来给我吃。这盒饭看似普普通通的，但我知道，这是爸爸烧出来的，这是一盒与众不同的饭。

我的妈妈，她也很奇怪。她处于家中的"食物链"顶端，可她管我的不是肚子，而是脑子——精神食粮。书的单位是什么？当然是本，买书都是一本本地买。可我妈妈买书的单位是——筐。妈妈常说："阅读点亮智慧。"妈妈经常逛当当网，一发现好货就拿出手机，第二天一个大快递就会出现在我家门口。

"当当！"我叹口气。妈妈看见快递包装上写着"当当"，欣喜若狂地把快递抬进屋、拆开……我书桌上瞬间多了几十本书，我妈妈还喜悦地对我说："这些都是好书，全部要看光光哦！"

我奇怪的父母，一个管肚子，一个管脑子，但他们都爱我，虽然方式与众不同。不过他们爱我——我知道。

二十年后的家园

与故乡分别二十年，火车"呜呜"鸣着笛，穿梭在山林之中。渐渐到站，我回到了我的故乡——诸暨。

接着我坐上了地铁，那列是直达我家门口的，我清楚地记得我离开时还没有地铁呢！在地铁上，我摇摇摆摆地想尽力站稳，但心里却一直静不下来："真是不可思议，我的故乡二十年里变化这么大！"

到了家门口，我便想起了那条泥泞的路。小时候，就是因为这条泥泞路让我摔了个"狗啃泥"。可如今回头望去，那条蜕化作了一条平平整整的柏油马路通向远方，一尘不染的马路上还划有车道。一座美丽的立交桥横跨在柏油马路之上，连接那两座山，飞架南北。那条小时候我和伙伴一起游泳、一起打水仗的小溪，变成了一个美丽的大泳池，泳池前还有巨大的喷泉，气派十足。邻居家的小孩在嬉水，我便想起了小时候的"嬉水乐"以及那些"嬉水团"的小伙伴们，那是我最美好的记忆。

外婆已在门口等候半天，一见我就赶紧拿出一大盆自家种的玉米，给我尝尝故乡的味道。

"你已经二十年没回这儿了，变化大吧？""快吃吧，一定饿了！"外婆依然那么慈祥。

我接过玉米，两颗滚烫的泪珠滴落在了我的手背上。

"外婆，您……"

没等我说完，外婆就打断我："你诸暨话说得太别扭，还是说普通话吧，村里办了个老年大学，给我们请了老师，学了很多知识，麻将不打了，要活到老，学到老，村里还给我们配了个打扫卫生的小机器人，真是不可思议……"熟悉的唠叨中竟然还有了成语，我的泪珠不经意地滴落下来。

"外婆您还是坐吧，您腿脚不好！"我赶紧去扶外婆。

"现在好多了，风湿是老病了。这段时间在电脑上跟着医生做定时的锻炼，定时的治疗，关节不痛了，好多了。现在看病不用去医院，直接在电脑上就可以学锻炼的动作。"

在这个小村庄里，村民以前过着"日出而作、日落而息、守望相助"的太平生活，现在幸福的生活在无限地扩大着。我怀念以前的乡村生活，同时也爱现在如画般的小村庄。不管故乡发生怎样的变化，它一直是我最亲的地方。

美丽的方块字

在书桌前，我再次打开了我喜爱的那本书，冬日的暖阳照在书页上，又反射进了我的心间。我享受着中华民族独有的汉字所组成的奇妙故事。

中华汉字，形美如画。篆书隶书，如画画般，非常生动形象。我在《汉字树》中看到了一个"夺"字，其实它就是一副小而精美的画——"大"就是"＾"，"寸"就是"彐"（一只"爪"），"、"就可以联想成一只家禽，组合起来就是一只家禽被一人用手抓走了，又被夺了回来。又如"休"这个字，"亻"就是一个人"勹"，"木"就是一棵树，合起来就是一个人靠在一棵树旁休憩。

中华汉字，音美如歌。我以前接触《诗经》、宋词、唐诗时，背得挺辛苦，后来听了《婷婷唱古文》后，我就立马换了一种背书方式：原来古诗词可以唱出来！我找到了这个诀窍，不但背书的速度大大加快，自己还编写了几首"丁丁唱古文"。

中华汉字，意美如诗。不说别的，就说名字吧！我的名字叫"丁婧媛"，"婧"在字典中的意思是有才华的女子，阳平声的"媛"在字典中的意思是美好，而去声则是美女的意思。张家四个女儿：兆和、充和、允和、元和，乍看这些名字好像没有什么特点，并且名字里没有一点含花带草的妩媚，却有两条修长的腿，意思是让她们迈出闺房，走向世界。

横平竖直皆风骨，撇捺飞扬是血脉。汉字是时间的纽带，它传承了中华文明，直到现在仍璀璨万分；汉字是空间的纽带，尽管四方口音各异，但一封家书便会让我们的感情联结在一起，让远在天涯海角的浪子潸然泪下。这一个个的美丽方块字也是中华民族审美观的体现，它横平竖直，告诉我们中正平和乃至美。

我合上了那本书，沐浴着阳光，心中暖洋洋的，回想着这一个个方块字的美丽。

写给父母的一封信

亲爱的爸爸妈妈：

你们好！

阳光透过那层薄薄的玻璃，投到我的桌上，直入我的心房，我此刻坐在"明悦漫咖"里。好久不见这样热情的阳光了。现在，我在这缕温暖的阳光下给你们写信。

每个星期六，妈妈您陪着我，不是去咖啡馆，就是去图书馆，不是去电影院，就是去购物，我享受着与您独处的时光。快乐星期六，它是我最期待的一天，不管是去室外，还是宅在家里，我都那么快活！就像现在——妈妈，您就坐在我对面的沙发上，津津有味地看《湘行散记》，阅读对您来说是多么重要，看您的样子，肯定又陶醉在字里行间，在"三三"与"二哥"相互写的书信里畅游。

妈妈，您很爱看书，我想我喜欢看书也是受了您的熏陶吧！现在，爸爸也有空看闲书了，您爱看的童书，我也爱看。我们家中的阅读小组又多了位新成员，那位正在看童书的老顽童——爸爸！

刚刚我在"明悦漫咖"的书架上搜寻，飞快地扫视着五花八门、各式各样的书籍。突然我的目光落在了曹文轩的《草房子》上，我知道这本书中充满了童心、童趣。最近，爸爸有时间看闲书了，最喜欢看的就是这《草房子》，《细米》则刚看了一半。我立马

抽出几本跑上楼去，来到妈妈身边，才回过神来——爸爸不在这儿！我放下手中的书。此刻，我多么希望爸爸您能来"明悦漫咖"，坐在我身边，兴致勃勃地看看女儿为您挑的书，让焦虑的心情平和下来，我就坐在您与妈妈的身旁写作，写下此刻的心情，写下此刻的温馨。

爸爸妈妈，你们不仅在阅读上对我的帮助很大，在数学上也与我并肩同行。

早上那场没有硝烟的战争已告一段落，它使我的心情糟糕透顶，这场"华杯赛"在我的心里刻下一道很深很深的印迹。一进考场，我就闻到了一股股难以忍受的火药味。在那样紧张的气氛下，我考砸了，简单的题目都答错了。从考场出来，我恨不得时间能倒流，让我再考一次吧！我连会做的题目都没做对！妈妈，您看到了我沮丧的神情，抱了抱我，笑着安慰道："没关系，一次考试而已，我们一起加油，这只是第一次。"就连平时因为我奥数不会做、做错都会生气的爸爸也鼓励我："'华杯赛'是有难度，有些题我都做不出来。可能我去考的话，分数还不如你呢！接下来我们还是要找原因、找方法，想办法去克服它。"我只想说："谢谢你们的鼓励！"你们的鼓励就像困难中的垫脚石。于是，在你们的鼓励下，我在心里还是对自己定了高要求的目标。爸爸妈妈，我知道你们内心也非常失落，我知道你们不停地鼓励我时也有一丝遗憾，我一定会努力。

考试的火药味散去，听着你们的安慰和鼓励，我的心情变好了许多。现在，我又哼起了欢快的歌曲，脚尖也随着音乐打起了节拍。

今天阳光灿烂，我的心房里充满了明媚的阳光，还有一道经历过风雨的彩虹！

此致

敬礼！

女儿：想想

2017年12月9日

雪

天公罱水，宇宙飘花。品之，有四美焉：落地无声，静也；沾衣不染，洁也；高下平均，匀也；洞窗掩映，明也。

人之雪比美：人声嘈杂，无雪之静；人心多事，无雪之洁；人随风倒，风东则东，风西则西，无己见，无雪之匀；人有阴暗面，总逃避，无解决之法，无雪之明。

若人有雪之静，应心静，不去闹市；若人有雪之洁，应心无旁骛，自行己事；若人有雪之匀，应有己之见，自立己方，富有阳刚之气；若人有雪之明，应日日欢笑，敢作敢当，坚强不屈。

人若有雪之四美，则心美、人美，其见旁物皆与其同美。

人若有雪之四美，岂不与完人相媲美？

一种神奇的"磁铁"

大家都会问："是什么磁铁呀？"我说的不是别的，而是书。书就像磁铁一样吸引着我。当我阅读时，那可有说不出的滋味，有快乐、有惧怕、有悲伤、有激动。

以前，我一点也不喜欢看书，一本一百多页的书，都要看一个月。那时的我只想着玩玩玩，连心都静不下来，可在这个暑假，布丁书院的张老师布置了任务，让我们在暑假看完许多书。妈妈让我以平均一天一本的速度看这些书，我不知道当时是怎么了，以前不听妈妈话的我，竟然在没有惩罚、没有一句命令的情况下服从了。那一刻，我悄悄地下定决心：前几年，我都没怎么看书，这回我可要大显身手，让他们瞧瞧我的厉害。之后，我便心无旁骛、静心地阅读，没想到书中的世界那么神奇，我目不转睛地"扫描"一排排会"动"的字，一瞬间，我仿佛看到一行行汉字变成一个强有力的巨大龙卷风，把我吸入了奇妙的世界里。这时，小区里传来孩子们嬉戏的声音，可对我一点吸引力都没有，我继续坐在地上看书。从那一刻起，我真正爱上了书。

书，为我的人生增添了许多有趣、美妙、奇幻的色彩，也将我从一个贪玩无知的小屁孩，变成了一个智慧安静的小姑娘。我开始想尽一切办法如饥似渴地阅读着书籍。

记得有一次，我正在读《嫌疑人 X 的献身》，而那天晚上，妈妈让我读《新概念英语》。一开始我先读英语，悄悄把《嫌疑 X 的献身》放在一旁。妈妈走了，我就偷偷摸摸开始看书。妈妈来了，我就急忙插好书签继续读英语。读完英语，该弹钢琴了，我骗妈妈说："我要上大号！"我把书藏在背后，进了厕所，坐在马桶上看。我看得入了迷，直到爸爸叫我，才依依不舍地从书的世界里跳出来。

读书，要像杜甫说的"读书破万卷，下笔如有神"；要像鲁迅说的"读书如蜜蜂采蜜，不能光盯着一朵花"；要像陈寿说的"一日无书，百事荒芜"。

书，伴我成长；书，教我知识；书，让我的一生溢满书香。

独·众

北风大声地呼啸着，天空中几粒银白色的小不点儿飘落下来，在我的围巾上跳来跳去。我看着这些可爱的六角精灵，心想："这么几片雪，就想覆盖大地，可真是天方夜谭！"

我走进公园，一片银白。"已是悬崖百丈冰，犹有花枝俏。"在这银白的世界里，只有那墙角的腊梅，傲然开放，就只有一朵，小小的，一点儿也不引人注目。

北风还是不停地呐喊，乘着寒风，那枝梅依然绽着笑脸，似乎自己是夜空中最亮的明星，似乎周围有一圈弱光衬托着自己。时间长了，北风叫得越响，她笑得更起劲了。这时，她周围多了几片黄黄的、小小的花瓣，我走近一看，那都是腊梅，接着，腊梅越来越多。整个梅林、整个公园、整条街道，都被腊梅装点得精致、美丽。

天上又下了几片雪，北风吹得越来越猛烈，雪下得越来越大。原来，那几片雪掉在地上，努力让自己发挥出无穷的作用，让其他雪花落在自己身上。看来，它们真的做好了覆盖大地的准备。

雪已纷纷扬扬地落下。有的落在枯树枝上，树枝却刺伤了它们；有的落入下水道口，污水却冲化了它们；有的落在人们身上，人们的体温却融化了它们。只有一片鹅毛大的雪花落在了一处适合它的地方，它开始让自己发挥出长久、稳定的作用，其他雪落在它身上，越来越高，面积越来越大，那块地方被雪覆盖了。接着，大地渐渐积了一层厚厚的雪。几个小时后，太阳重回大地，世界已变成了银白的天地，可以说，这都是那片鹅毛般雪花的功劳。

我看着围巾上的雪花，想起了妈妈曾告诫我的话：一个人的力量是微弱的，但人往往独自走上成功的道路，却为后人做了铺垫。

腊梅和雪花不正是独与众的体现吗？

外公真让我佩服

令我佩服的人数不胜数，有知识渊博的张老师，落笔成章的啦啦姐姐……但是最令我佩服的是我外公。

我外公乐于助人，他什么东西都会修，别人家有什么东西出问题或坏了，只要跟他说一声，他一定会答应帮忙。有一次，快吃中饭了，外婆已在厨房喊："可以吃饭了。"这时，一个陌生人笑眯眯地走了进来，向我们打了声招呼，就直接走向外公，对外公小声嘀咕："生灿，我们家的水管又爆了，你能不能再帮我一下。"外公二话不说，跨上电瓶车，说了声："走！"那人也跨上电瓶车，直到我们吃完了中饭，外公才回来。只见他脸上蒙了一层薄薄的灰尘，手心红红的，似乎没什么事，但我晚上却偷偷地瞧见外公往自己背上贴药膏。

外公不仅乐于助人，而且什么都会修，修东西的技术是那样高超。一次，我们自己家的水管冻裂了，外公一个人熟练地修好了水管。他先把破水管拆下，再将破水管与新水管比较，然后用水管剪刀把新水管剪成适合的长度，接着爬到房顶，把新水管放到原来安装水管的位置，最后把水管固定住。外公下了楼，还笑眯眯地坐下来与我们谈天，过了几分钟又去收拾院子了。

我总在想一件事，那就是外公手臂上的凸起处是怎么弄的。有一天，我迫不及待想知道答案，跑向外公："外公，这是什么？"说着，指了指外公手臂的凸起处。外公笑了："这是颗小石头，你妈妈像你这么大时，调皮地玩着一颗石头，就弹到我手臂里了！""不痛吗？你为什么不取出来？"我低头喃喃自语。可没人告诉我答案，在我心里，这个未解之谜，就像爪子在挠一般，让我心头发痒。

外公也非常勇敢，我不知道他受过多少次伤，这些他都只字未提。在我5岁时，他被我家的大狗咬了一口，左手大拇指下一道红色的伤痕淌着血，接着他被送到医院，从容、冷静地接受治疗。妈妈悄悄地对我说："外公缝了七八针！"我本以为外公会对那大狗厌恶无比，没想到外公还是像平常那样喂养那条大狗。

每次回绍兴，都会见到外公乌黑的密发上多了好几根银丝，饱经沧桑的男人目送我们，尽管灰尘漫天，但还隐约可以看到一个身影，那便是我最佩服的人——我亲爱的外公。

我来到了水星

我放学回到家，坐在院子里。

突然，天空光芒四射，照得我睁不开眼睛。光芒渐弱，我睁开眼睛，院子里安然无恙，可我感到十分寒冷。一束冷光打向了我，我抬头向天空望去，本来阳光明媚、万里无云的长空变得黑压压一片。突然，云层间出现了一个蛋形的东西，外壳似乎坚硬得很。

这不就是传说中的不明飞行物——UFO吗？里面会有E.T.外星人吗？我想。恍惚间，UFO开了个小口，把我吸了进去。

我被摔在了地板上，我看到的不是E.T.外星人，而是一条无边的长廊，UFO是封闭的，我旁边有一扇不能打开的窗。

不知过了多久，我只觉得UFO一直在向上冲，似乎要冲破大气层，到达外太空。猜想间，UFO忽而一颤，我竟然飞了起来。窗外一片漆黑，只见一个巨大的恒星在旁边散发着光与热。UFO又一颤，我再一次摔到地上，接着UFO的门开了，正犹豫着是否要踏出UFO时，一个绿色的身影在我一旁出现——它有着长长的触角，又扁又宽的脑袋，水滴形的黑眼睛呆呆地望着我，一只皱皱巴巴、只有三只手指的爪子向我伸来。突然，一个沙哑的声音将地球上几乎所有的语言都说了一遍："本站是水星城，也是终点站，请您下UFO！"我走了下去，只见一片晶莹的宝石蓝，夹杂着一点灰色。水星上没有一点儿东西，只有环形山，远望只能看见一个巨大的火球——太阳。

突然，一个尖细而温柔的声音对我说："Hello，little girl，come on，follow me！"我跟了过去，穿过了一个大山丘，一座繁华热闹的城市展现在我眼前。"OK，this is the Beautiful city！"那个声音又对我说。

在那座城市里，那个声音伴随了我全程，我像在地球上一样正常游玩，忘记了自己身在水星。

似乎过了5个多小时，那声音渐渐消失，出现了一个美国女孩，她会说一点中文，她对我说，她一直在这儿做导游，已经工作3年了，她很喜爱这儿。

但又过了3小时，那座城市渐渐变得暗淡、冷清了，不再繁华热闹。那女孩对我说，这儿的开放时间只有6小时，她也得马上回家了，她一下子消失了。

我回到了UFO上，沙哑的声音又响了起来："下一站——地球村！"

我下了UFO，但一直回想着水星的景象和那个美国女孩。那个沙哑的声音一直回荡在我的心间——"水星城"与"地球村"。

金钱·生命
——观《我不是药神》有感

世上只有一种病，那就是穷病，想治也治不过来……

程勇，在上海的一个角落卖保健品，落魄到连房租都交不起。前妻与自己离婚，唯一的儿子又要跟妈妈去美国，家里还有个生活不能自理的老人。而当他遇到了白血病人吕受益，并走私廉价药后，局面便发生了反转……

程勇，第一次听说有印度廉价药时，只是想赚钱。在他和印度的卖家沟通时，说了一句话："命就是钱。"而当警方查出一些买廉价药的人后，一位老太太站了出来，恳求道："请不要抓走卖廉价药的人！我吃了3年的正版药，把房子吃没了，家人被我吃垮。现在终于有了便宜的药，我们还想活着。我们都吃这些药，药是不是假的，我们还会不知道吗？"

能有这些廉价药也得谢谢一个人——吕受益。在别的白血病人抗议药价太贵时，他却不急不躁地吃着饭，因为只有他心知肚明，有一种便宜但药效一样的药。程勇决定不再卖药后，他生的希望就一去不返了，清创和化疗的痛苦折磨着他，再加上自己的体质本身就弱，病魔一次次爬上他苍白的脸颊。硬上骨髓移植手术后的他，看了一眼正熟睡的妻子和出生不久唯一的儿子，与这个世界做了了断。

黄毛，在屠宰场打工，家里人以为他早死了。因为没钱买药，他从程勇那偷药，与程勇相识，继而在程勇那儿打工。他，我想就是社会底层的人了，要钱没钱，也没有什么权力和地位，还有一头可怕的黄头发，一看还以为是街头流氓呢。因为没有钱，所以他跟随程勇。在一次警方的追赶中，发生了车祸，与这个世界告别。"他想活命有什么错，他才20岁，他犯了什么罪？"程勇不断追问警方。听到这句话，大家不禁心头一震，20岁的生命，就因为没有钱，一直跟随程勇，但最后竟以这样的方式了结了人生。

思慧的女儿是个病人，她一直都不顾一切与病魔争夺自己的女儿。她的丈夫一定是个自私鬼，就因为女儿得了病，抛弃了整个家。思慧只能不惜一切代价，哪怕晚上去跳钢管舞也在所不惜，唯恐病魔夺走了女儿。

到底是金钱重要还是生命重要？

说是金钱重要，也对。看看安歇路边的乞丐，没有钱，没有吃的，没有穿的，活着还不如死了痛快；以前还有人给他们些零钱，但随科技的发展，每个人只需带一部手机，用支付宝、微信交易，扫一下就能付款。但乞丐呢？他们的生活方式受到了挑战。我在等公交车时，不经意间，看到一个乞丐在垃圾桶里找吃的，我身上没带钱，妈妈也只带了一部手机。我为此过意不去，但也无能为力。

说是命重要，也对。生命是人的根本，没有了命，你有再多的金钱、书籍，也只是一堆废纸。生命就是最可贵的，没有什么大于生命。

金钱还是生命重要？这也是由命运掌控的。世上只有一种病，那就是穷病，你想治也治不过来……

希望——在风雨后

一缕阳光洒在大地上，洒在我的书桌上，我望着窗外，望着那缕时有时无的阳光。阳光，正能量的象征，但我总觉得今天的阳光没了往日的明亮。只见阳光渐渐暗淡，最后一缕阳光也躲了起来。

乌云聚集，狂风大作，窗外那茂密的柳枝在空中乱摆。几片柳叶甚至摆脱了枝条的束缚，乘着狂风飞向远方，飞远了，更远了……它们脱离了我的视线，惊喜地获得了意想不到的自由。

一滴，两滴……几滴水珠从我面前的窗玻璃上滑过，留下了几条浅浅的痕迹。接着，又是一阵狂风大作，吹得柳枝爬上窗户，吹得窗户轻轻颤抖，吹得人们急掩门窗，吹得雨像一盆水被泼出似的，打在玻璃上。接着，倾盆大雨哗哗地下。半小时，一小时，雨渐渐小了，风渐渐柔和了。我打开了窗，一滴小水珠正好从我的鼻间滚下去，冰冰凉凉，把我的心也变得又冰又凉。我关上了窗，根本不想再感受那场让我的心凉了半截并不带一丝希望的暴风雨。

我又等了一个小时，旁边的柳树大半还是湿湿的、冰冰的，但阳光又照在了我的脸上；花儿上还有晶莹的水珠，但鸟儿已迫不及待地在万里的长空上翱翔；小草还是被风雨吹打得东倒西歪，但小河却高兴地唱起了小曲……看着这雨后的长空，是那样蓝。看着雨后这般热闹的景象，我的心也消去了那场灰蒙蒙的暴风雨带来的沉闷。

这时，一座美丽的彩虹桥挂在了天边，一头在我这儿，一头伸向远方。那风雨后的彩虹是多么可爱，多么充满希望，多么有正能量。这不是因为别的，而是因为那场让我觉得可怕的暴风雨，是它，造就了这个希望的象征，这或许是一种意外的收获。这时，我想起了一句话——不经历风雨，怎能见彩虹。

我们往往会记住那个意外的收获——彩虹，但是在收获的背后往往是艰苦的付出——暴风雨。

这时，我的心里也架起了一座历经风雨后的彩虹。

仙子般的水仙花

"凌波仙子生尘袜，水上轻盈步微月。"宋代的黄庭坚曾这样描写过"凌波仙子"——水仙花。

远远望见几个亭亭玉立的少女，近观却又似一个个闪亮的明星，它的名字大概也是这样来的吧！配得上"明星水仙"这样高贵的名字。但它并不高傲，而是谦虚地低下头，黄色的"大嘴ㄅ"似乎想说什么，但欲言又止，白色的花瓣如孔雀开屏般展开在旁，衬托着中间黄色的花蕊。白色的花瓣微曲着，是那么温柔，但不软弱；是那么朴素，但不简单。

绿色的长叶，生机勃勃地占据着它的位置，但它没有抢主角的风头，只是默默守在一旁，让主角不觉得尴尬。植物需要根方可在土中固定，但水仙似乎不一样。水仙花的根像稀疏的白花花的胡子，而它的块茎却粗壮有力，支撑着叶。根茎，固定着植株。它的样子，就像一位亭亭玉立的仙子。

大多数植物都可以净化空气，水仙当然也不例外，且它还能美化居室，有观赏价值。最重要的是，当你体表有创伤时，把水仙花搅碎，贴在伤口处，过一会儿，就不疼了。它就像一位会魔法的仙子，似乎无所不能。

它的来历，也似一位仙子——一位环游世界的仙子。中国的水仙，原种来自意大利，经过运输、繁殖等去到世界各地，畅游了四大洋、七大洲。

它的品格与精神也好似一位纯洁、善良、美好的仙子。它冰肌玉骨、清白做人、洁身自爱、只知奉献。它的花语是思念，低着头，思念远方的她，莲花出淤泥而不染，可它连淤泥都未曾进出，总是那般纯净。

"凌波仙子"——水仙花，它是我心中的仙子，它的清香时不时在我鼻腔里回荡，它的品格也时不时在激励着我前行。

温暖的旅程

人生就像一部电影，这部电影的导演就是你自己。在我的这部电影里，一本本书就是一个个配角。这部电影很漫长，就像一个讲不完的故事，也似一次走不尽的旅程。

这部电影要从我5岁时说起，那时的我只是一个天真、无知、问了问题却不想找出答案的女孩，整天在农村里和外公、外婆看电视，从未想过踏上充满书香的道路。可我妈妈不想让我的童年全都浪费在看电视、玩游戏上，所以渐渐地，家里原来放零食的地方改为书柜，上面有很多绘本。

起先，妈妈给我读故事，教我认拼音；在我认得几百个字，认得拼音，并且对绘本有点兴趣后，妈妈便放手让我自己读绘本，晚上再抽查我读得怎么样；之后呢，妈妈又给我添置了许多拼音版的名著供我阅读，我津津有味地读着，度过了我幼儿园最后美好的时光。

上了小学，一、二、三年级功课不多，我还是读着简单的书，妈妈也不太管我。可是到了四年级，陈老师接班，让我们背古文、背课文，我经常磨磨蹭蹭，而自己看书的宝贵时间也就被送给了磨蹭。我语文成绩一会下降到了89分，一会上到97.5分，又下到88分，又上到98分，这下全家都急坏了，这忽高忽低的分数拨动着家人的心弦。

于是，我来到张老师的课堂，这让我受益匪浅，明白了自己成绩不稳定的原因，知道了海量阅读的重要性。我便从四年级暑假开始海量阅读，一个暑假，我就看了比前几年总量还要多的书，和父母交谈时也文气起来了。

在这两年里，我家乱得不成样子：沙发被书占领，茶几被书侵略，窗边也被书霸占。这两年，我与《简·爱》已结束交手，与《射雕英雄传》亲密接触。现在的我，正与《红楼梦》日日夜夜奋战，或应该说是见面，虽然这是一本难啃的名著，但我觉得它还是有自己的精华和亮点。《红楼梦》虽长，但总会吊人胃口地在章末说道"且听下回分解"。

书，它伴我成长。我要做一个爱书的孩子，让我这部漫长的电影也充满浓浓的书香。

茶卡盐湖之旅

在那令人向往的西部，有一个满是盐铺成的茶卡盐湖。我和妈妈去过那儿，我们是绍兴人，据说茶卡盐湖周边市镇就是绍兴的人们帮忙援建的。

一条小铁路架在木板路之间，直通茶卡盐湖的尽头。天气很不错，阳光灿烂，万里无云，天空似乎是一个湛蓝色的盖子，把茶卡盐湖包围着。我想高歌一曲，但空气是那样稀薄，唱歌似乎对我来说只是一个奢望，而不是现实。

走近茶卡盐湖，光着脚踏入冰爽并感觉稍有点刺痛的湖水。盐湖是黑白点组成的，"黑点"似乎是无底深渊，周围的白盐像大拇指指甲盖一样，踩上去怪痛的，所以绝不能踩上"黑点"。

一开始，我只顾脚下，怕一不小心踩上可怕的"黑点"，因为我稚嫩的小脚丫还不能承受踩上去让我觉得怪痛的盐。

渐渐地，我习惯了，这点痛已经不算什么了。我抬起头，看见了盐湖真正的模样——它是那样广阔，它的尽头在天上，甚至可以说没有尽头，轻轻流入云际；它是那样纯洁，除了那点点黑色，纯白一片，在阳光下，上面亮晶晶的一颗一颗，好像一层小水晶铺在白盐上；它是那样美丽，湖天相接之处，碧蓝的天空映在盐湖，与天一样湛蓝，与天一样美。

我们顺着那条铁路向前，直到铁路终于盘旋到了它的尽头，我看见一辆小火车，满载着人们通往大门口。我看着火车慢慢开过，发现距集合的时间还剩最后的10分钟，我想这次茶卡盐湖之旅就到此结束了。

阳光躲进云里，天空的一角是灰蒙蒙的，似乎那一角已是电闪雷鸣。灰暗侵入天空，一道光划破云层。

我走了，我想我此时的心情就如同此时的天空，那么阴沉，那么灰暗……

我有属于我的光芒

我一蹦一跳地走回家，正等着给爸爸妈妈看试卷，希望得到他们的赞许。

"呜……呜……"我耳边飘过一阵抽泣声，然后停了。

我又走了几步，抽泣声再次传来。拐角处蹲着一个小黑影，我看不见他（她）的脸。我想，应该是他（她）在抽泣。我快步走上前，碰了他（她）一下，他（她）似乎感觉到我碰了他（她），顿时停止了抽泣。

"小朋友，你为什么蹲在这儿哭啊？"话音未落，他（她）摘下那已破了几个洞的布帽，慢慢转向了我，我看清了她的脸，这是一个蓬头垢面的小女孩，黑色的大眼睛无助地望着我，眼圈红通通的，哭肿的眼睛好似沙包那样大，两条深深的泪痕划过她红红的脸颊，这是她脸上的泪痕，更是她心中的创伤。

"我迷路了。"龟裂的嘴唇嘟囔着。

"我想，我能帮助你！"我取出自己的水壶，把温水倒入她干燥的嘴里，"你家在哪儿啊？"

"我不知道。我只知道我家门口的这条街和这儿很像，可是不是这儿。我爸爸妈妈不太管我，他们肯定以为我又去朋友家玩了。"说着说着，两颗豆大的泪珠滑落。

"你先到我家，过会我带你回家去，好吗？"

"好吧！"

走进大门，我帮她找了点儿零食吃，她狼吞虎咽地吃着。

"你叫什么名字呀？"

"我叫王淑英，叫我英子吧！"

"英子，带点吃的，我带你回家去！"

她拿了两包零食，出了门。

我按照地图，在我家所在的街附近找相似的街。

终于，我们在离我家较远的道路旁找到了她家。

她把没吃的零食塞在我手心里，微笑着说："谢谢你！嗯，我该叫你什么呢？"

"叫我想想！"

"好，有空来我家玩！"

我有属于我的光芒。它不耀眼，它不灿烂，但它有别样的风采。

春风拂面，拂过两个女孩微笑的脸颊。

守候美好的未来
——读《帕瓦娜的守候》有感

一片白茫茫的世界，阿富汗的战火并没有停止纷飞，硝烟并没有停止弥漫。

帕瓦娜，是一个和我年纪差不多的小女孩，家里条件很好，爸爸妈妈都受过教育。可是由于军队的威胁，他们不得不一次又一次的搬家，房子越来越小。于是，她每天守候着。

《帕瓦娜的守候》讲述了一个孩子的生活，虽然没有很多对战争的描写，可战争的影子却随处可见，塔利班的极端做法，这只是阿富汗这块饱受摧残的土地上的一次悲惨遭遇，但对于人们来说危害却是巨大的。家庭离散，亲人流离失所，而整个家庭就要靠一个十多岁的小女孩——帕瓦娜，假扮成男孩子赚钱，每天面对尸骨和血腥场面，就连出门上趟厕所也要随时面对可能踩上地雷的生死考验。我想，这就是这部作品最大的力量：对于战争与极端政治的无声控诉。

帕瓦娜，生活在这个充满战乱的阿富汗的十岁女孩。她每天守候着的不一定是希望，但是她依然能够坚强地生活下去，并为家里人带去欢乐和面包，为肖齐亚带去相依相伴的友谊，为黑窗户后面从未谋面的女人带去一点精神的支撑和生活的乐趣。对呀！战争是那么残酷！女人不能踏出家门，只能祈祷自己的丈夫不被塔利班杀害，一个家庭也只能靠十岁的小女孩赚钱养家。你说，要是处于在这种生命都不能得到保障的情况下，其他权利不都成虚妄了吗？

战争，战争，你什么时候才能远离世间啊？

所以，帕瓦娜每天都守候着。

她守候什么呢？

她守候着，美好的，和平的，未来。

黑夜无论怎样漫长，黎明总会到来。

短暂的一分钟

她在场外一遍又一遍地练习歌曲。

她的名字叫花沐瑶。她听到了前几位选手嘹亮的歌喉，心里原有的信心泄了一半。

快轮到她了。她笔挺挺地坐在椅子上，双脚微颤。可她又想起了以前，在班级里唱歌时，站在台上的她忘了歌词，台下的几个捣蛋鬼故意放声大笑，她尴尬地站在台上，虽然只有一分钟，但她像站了十分钟一般。当时，她的眼泪不禁从眼眶中溢出。她现在非常害怕，害怕那阵笑声，害怕再一次踏上舞台。

轮到她上台了。恐惧，冲击着她的心头，并再次笼罩了她。她虽不甘落后，但又不知所措。她在妈妈身旁扭扭捏捏地站了好久，老师让她上去表演，她却只用无助的大眼睛凝视着老师。妈妈知道她害怕，一直在她耳旁激励她："花沐瑶，加油！你唱得很好！妈妈为你而自豪！"

于是，她慢慢地走上舞台。她的脑海里，又跳出一张嘲笑她的脸。她心头一怔，强忍住眼眶中的泪水。

"大家好……我是来自二（7）班的……"

她再没有说下去，她不想别人听到她的名字，从而记住并嘲笑她，惧怕的黑暗，再一次掩盖了每一束光明。她又一次感到尴尬。

　　这时，掌声响起，每个在场的人，都在期待她一展歌喉。

　　掌声再一次响起，甚至五、六年级的男生们都高声喝彩。大家再一次鼓舞了她。她吐了口气，那口气在空中停留了一会儿，便消失不见了，这是花沐瑶内心的恐惧。她调整心态，可她就是唱不出声来。

　　掌声雷动，再一次热烈地鼓励她。但她似乎是在等待，等待那漫长的一分钟结束。

　　她放声高歌。此时她抛掉所有烦恼，全身心投入歌曲中。唱出了她的心声，唱出了她独特的魅力。

　　她唱了短短的一分钟，以一个完美的高音作为结束。

　　全场人站了起来，为她欢呼，为她克服心中的恐惧而欢呼。欢呼声像是波浪，向她袭来。

　　这阵波浪给予她的是信心与肯定。她的心里瞬时万里晴空。不管后来的成绩如何，她都为自己的表现而骄傲。她战胜了自己，战胜了心里的恐惧。

　　此时，一朵勇敢之花，在那短暂的一分钟后，绽放在她心中。